MW00427729

Ignacio Larrañaga

La rosa y el fuego

Obra Nacional de la Buena Prensa, A.C.
Ciudad de México

La rosa y el fuego
Ignacio Larrañaga

1a. edición, enero 1998
11a. edición, septiembre 2004

Hecho en México

ISBN: 968-7693-31-2

Con las debidas licencias

Texto propiedad del Provincial de Capuchinos de Chile,
Catedral 2345, Santiago, Chile.

Derechos © reservados a favor de

OBRA NACIONAL DE LA BUENA PRENSA, A.C.
Orozco y Berra 180. Sta. María la Ribera
Apartado M-2181. 06000 México, D.F.
Conmutador 5546 4500 - Fax 5535 5589
ventas@buenaprensa.com - www.buenaprensa.com
Lada sin costo: 01-800-50-24-090

Librerías:

• Ribera de San Cosme 5
Sta. María la Ribera
06400 **México, D.F.**
Tels: 5592 6928 y 5592 6948

• Miguel Agustín Pro, S.J.
Orizaba 39 bis
Col. Roma
06700 **México, D.F.**
Tels. 5207 7407 y 5207 8062

Librerías San Ignacio:
• Congreso 8. Tlalpan
14000 **México, D.F.**
Tels. 5513 6387 y 5513 6388

• Donceles 105-D. Centro
06020 **México, D.F.**
Tels. 5702 1818 y 5702 1648

• Washington 812 pte. Centro
Monterrey, N.L.
Tels. (81) 8343 1112 y 8343 1121

• Madero y Pavo, Sector Juárez
Guadalajara, Jal.
Tels. (33) 3658 1170 y 3658 0936

• Czda. Cuauhtémoc 750 Nte.
Centro. **Torreón, Coah.**
Tels. (871) 793 1451 y 793 1452

Distribuidoras oficiales:
• Boulevar Díaz Ordaz 1209-C
Col. Sta. Rita
31020 **Chihuahua, Chih.**
Tel. (614) 415 00 92

• Juan Ayala # 4. Centro
60000 **Uruapan, Mich.**
Tel. (452) 524 04 48

Se terminó de imprimir esta 11a. edición el día 29 de septiembre de 2004, festividad de los santos Miguel, Gabriel y Rafael, arcángeles, en los talleres de Procesos Industriales de Papel, S.A. de C.V. Avenida 16 de Septiembre No. 145. Col. Fracc. Industrial Alce Blanco, 53370 Naucalpan, Edo. de Méx. Tel. 5576 0311

"Todo se arreglará,
y cualquier clase de cosa
saldrá bien
cuando las lenguas de llama
· se incluyan
en el mundo de fuego coronado,
y *la rosa y el fuego* sean uno".

(T. S. Eliot)

———————————

"Y ahora, lo importante
es acabar bien"

*(Palabras con que terminaba sus
cartas Teilhard de Chardin en
sus últimos años).*

I

El día 30 de diciembre de 1995 tuve en Madrid una entrevista con el director de la EDITORIAL PPC, quien me manifestó su deseo de que participara en una colección en la que diversas personalidades ya habían colaborado anteriormente, escribiendo yo también un libro en el que sintetizara y reflejara los impulsos vitales y los ejes constitutivos de una existencia –la mía–, que ya se aproxima a su ocaso.

Sin ponderarlo mucho, sin captar cabalmente el alcance íntimo y último de la colección, acepté la invitación, pensando que, luego de leer los escritos de los autores que me habían precedido, podría yo tomar buena conciencia de los objetivos y características de la colección.

Al comenzar a leerlos pronto me dí cuenta de qué se trataba; y no pude evitar sentirme envuelto como en un sudario de pavor, como de quien ha caído en una trampa. ¿Qué había descubierto? Que la colección no dejaba de tener un carácter autobiográfico. Sé muy bien que todo libro es autobiográfico de alguna manera, por muchas acrobacias que haga el autor para ocultarse bajo el disfraz de las palabras.

Pero en nuestro caso se trataba de algo más; se trataba de entregar explícitamente una suerte de autobiografía circunscrita a las características de una colección determinada. Sin embargo, la editorial a última hora decidió publicar este libro en la colección Sauce, a pesar del carácter íntimo de las páginas que yo había escrito pensando, un poco forzado, en el carácter de la otra colección.

Así, estas páginas que siguen relatan pasajes de mi vida, una vida que, francamente, no ha tenido ni tiene interés alguno desde el punto de vista biográfico, por mucho que haya vivido en baño de multitudes. Si hay alguna novedad en mis días, ella palpita enterrada bajo todos los paralelos, allí donde no llega la lupa psicoanalítica.

¿Dónde estaba, entonces, el conflicto?

* * *

Desde hace unos 30 años aproximadamente, me había brotado desde las últimas raíces, y había crecido en mí, como un árbol enhiesto... ¿qué era? Yo no sé qué era. ¿Convicción? ¿Decisión? ¿Imperativo categórico? El hecho es que yo me había comprometido conmigo mismo a bajar a la sepultura con todos los secretos de mi vida privada con Dios inviolados. ¿Una idea fija? Es posible.

La verdad es que, desde esa época, cuyos pormenores detallaré más adelante, me encerré bajo la bóveda del silencio, y a pesar de tantas entrevistas, diálogos públicos y privados, nunca me dejé arrastrar, y conseguí mantener obstinadamente resguardados los secretos últimos con mi Dios.

Ultimamente, sin embargo, me permití una excepción: en vista de que mis años avanzaban, convoqué a 45 matrimonios de diversos países en San José de Costa Rica, con el propósito de prepararlos para una misión: la de realizar también ellos la tarea evangelizadora que yo había llevado a cabo a lo largo de 24 años mediante los *Encuentros de Experiencia de Dios* (EED). Fue como una entrega de antorcha, y por otra parte, una apuesta por los laicos.

En ese contexto, y para que ellos pudieran descubrir dónde se escondían las raíces del mensaje del cual yo los constituía depositarios y transmisores, creí oportuno y conveniente abrirme, y me abrí. No sin cierta aprensión, les expuse algunos momentos culminantes de mi vida con Dios. Unica vez.

El silencio se hizo carne

Pero hubo más, mucho más. Para ponernos en el cabal contexto, comencemos por formular algunas preguntas: ¿por qué a unas personas les cautiva esta música, y a otras las deja frías? ¿Por qué esos individuos quedan extasiados ante tal paisaje y estos otros permanecen indiferentes? Hay quienes dicen: denme comedias y no tragedias; no me hablen de Bach, que me aburre, háblenme de Vivaldi. ¿Por qué estos muchachos deliran por tal cantante popular, mientras aquellos reaccionan con frialdad?

Hay creyentes que se exaltan hasta el delirio ante el anuncio de noticias apocalípticas de ciertas apariciones de la Virgen, mientras que otros sienten horror y no quieren ni oír hablar de eso. ¿Qué fuerza magnética estremecía a Domingo de Guzmán al contemplar al Maestro de Galilea y qué conmoción sacudía al Pobre de Asís cuando meditaba con lágrimas en los ojos en el Cristo pobre y crucificado? ¿Por qué a unos les seducen unas perspectivas y a otros otras? ¿De qué se trata? ¿De misteriosas concordancias o discordancias interiores que están más allá de cualquier psicoanálisis? Parecen corrientes subterráneas que enlazan y sintonizan determinados polos que vibran en un mismo tono.

* * *

Pues bien, en el contexto de esta explicación, en aquella época a la que aludía más arriba, quedé yo como hipnotizado por una serie escalonada de cumbres convergentes que me sedujeron irresistiblemente, cumbres en cuyas cimas se izaban sendas banderas con una palabra en el mástil más alto: silencio. Como lo explicaré, esa palabra despertó en mis últimas latitudes resonancias que todavía siguen en el aire.

La primera cumbre se llama Nazaret. Aquí el silencio se hizo carne y habitó entre nosotros; y ningún vecino de la aldea logró captar ni el mínimo destello de su resplandor.

No disponemos de una documentación fidedigna sobre las fechas exactas del nacimiento y muerte de Jesús. No podemos trazar el itinerario de sus andanzas apostólicas ni ubicar los lugares geográficos por donde El peregrinó. Aparte de los Evangelios, las fuentes históricas no cristianas nos transmiten escasas y difusas noticias sobre Jesús. Sin embargo, y como contraste, qué copiosa información nos entrega Flavio Josefo sobre Juan el Bautista. Sobre Jesús, nada. Extraño silencio. Ni siquiera aparece el nombre de Nazaret en sus escritos; y no olvidemos que se llamaba Jesús de Nazaret. Dentro de los parámetros humanos, Jesús es una figura históricamente irrelevante, un desconocido.

* * *

Un silencio todavía más obstinado se cierne sobre la etapa de su juventud en Nazaret, sobre la que los evangelistas no nos informan absolutamente nada, salvo la escena de los doce años.

Hizo del silencio su música, y del anonimato su domicilio. Uno queda abismado, sin saber qué decir ni a dónde mirar. ¿No había venido a salvar al mundo mediante su palabra? ¿Por qué ahora permanecía mudo como una piedra? ¿Cómo se explica esto? ¿Acaso estamos ante una inversión copernicana de valores y criterios? ¿Tal vez quiso darnos una enorme lección sobre la eficacia de la ineficacia, sobre la utilidad de la inutilidad?

Estuvo sometido a la condición vulgar de cualquier vecino, inmerso en la típica chismografía de una aldea insignificante, sin aureola de santidad, sin gestos heroicos, sin levantar cabeza por encima de sus paisanos, simplemente como alguien que no es noticia para nadie.

Se pasó. Un exceso. ¿No era la imagen visible del Dios invisible, en quien y por quien fueron creadas todas las cosas? Contra todo pronóstico ocultó obstinadamente el esplendor de su firmamento, y se sumergió sin atenuantes en la noche de la experiencia humana, convertido en el gran desconocido. Pudo haber sido mármol; prefirió ser olvido.

Donde hay amor no hay represión

Este ha sido mi campo de batalla.

Es bueno que el lector sepa que yo no soy humilde. Al contrario, el orgullo es un río que me arrastra. Pero debe saber también que, desde aquella lejana época, he hecho mi camino deshojando flores, cercenando cabezas, alanceando molinos de viento, destrozando sin compasión muñecos de trapo, sin dejar títere con cabeza a mi paso.

Ha sido una larga y obstinada batalla por desaparecer, cavar vacíos profundos y caminar por atajos de silencio. Pero, aun así, me siento tan distante de aquel corazón "pobre y humilde" del Señor... Aún ahora tengo que estar levantando incesantemente cercas de espinos y zarzas para cerrar el paso a las pretensiones de la arrogancia, y lenta y fatigosamente, ir adquiriendo la disposición interior de Jesús.

* * *

9

Paralelamente, en mi constitución genética tampoco me ha tocado en suerte un carácter envidiable. No soy ningún Francisco de Asís. Seguramente, debido a esta constitución de acero, ¡cuántas víctimas no habré dejado en el camino de la vida!; a cuántos no habré hecho sufrir, como un tranvía que pasa y arrasa. Pero, asimismo, nadie podrá imaginar cuántas veces he tenido que apretar los dientes y morderme la lengua para poder actuar con la dulzura de Jesús. Por largos años he implorado de rodillas al cielo que lloviera mansedumbre sobre mi tierra agitada.

Pero aun así, no he dejado de ser impulsivo e impaciente, aunque mi fachada diga otra cosa. Todavía hoy, después de tan largos años de ascesis, no dispongo de un modo de ser templado como siempre soñé. ¿Por qué?

* * *

Porque nadie cambia. He explicado en numerosas páginas de mis libros que los códigos genéticos acompañan a la persona desde el nacer hasta el morir.

Quién nace agitado, muere agitado. El que nace narcisista, muere narcisista. Las tendencias originales y los impulsos primarios, derivados de las diferentes combinaciones de cromosomas, persisten en la identidad personal durante las diferentes etapas y vicisitudes de la vida. El que tiene mal genio en los días de su niñez lo seguirá teniendo en los días de la senectud. Nadie cambia. Empero, sí se puede mejorar, y en esto consiste la santidad.

Pero, ¿qué significa mejorar? Quiere decir que, a fuerza de hacer actos de paciencia, un individuo impaciente puede ir adquiriendo mayor facilidad para actuar de la manera opuesta a los impulsos compulsivos; que cada vez necesita hacer menos esfuerzos; y, por eso mismo, al individuo se le ve más moderado.

Y este autocontrol, ¿no podría constituirse en una forma de represión? Yo considero que si una persona de mal carácter se refrena en sus reacciones compulsivas por consideraciones sociales o normas de educación, difícilmente podrá escaparse de las garras de la represión, cosa realmente peligrosa.

La única manera de sortear ese peligro es tan sólo si, al frenar los impulsos compulsivos, se procede por amor, sea en la intimidad del Señor o en el proceso de la adaptación conyugal. Realmente, donde hay amor no hay represión.

Cuando, en el matrimonio el amor es llama viva, poco cuesta callar, ceder, dejar pasar, tener paciencia, limar aristas. Pero si el amor está congelado por la rutina u otras causas, el sacrificio deja de tener sentido, no causa compensación alguna. Como consecuencia, se rehuye sistemáticamente cuanto signifique renuncia, llegan los conflictos y el matrimonio naufraga.

Cumbres seductoras

Bien. Dije más arriba que, en una cierta época de mi vida, quedé seducido por unas cumbres altas y escalonadas, la primera de las cuales, y la más elevada, era, y es Nazaret. Otra cumbre prominente para mí ha sido la figura de fray Juan de Yepes o san Juan de la Cruz. Ciertamente, su existencia no fue una espléndida epopeya, sino más bien un poema hecho de silencio y oscuridad.

Fue caminando el asceta castellano por las nadas al todo, envuelto en un manto de silencio, siempre descalzo y a pie. Pasó por alquerías y ermitas dejando a su paso rastros de austeridad y toques de poesía. Y de noche –noche oscura– fue abriendo galerías subterráneas y trazando sendas que conducirían a las profundidades del misterio sin fondo del

11

alma humana, que nos la describió como "una profundísima y anchísima soledad... inmenso desierto que por ninguna parte tiene fin".

Fue incomprendido: no se quejó. Lo persiguieron: no protestó. Lo encarcelaron: guardó silencio, diciendo: "Quien supiere morir a todo, tendrá vida en todo".

Estaba fray Juan de la Cruz gravemente enfermo en el cenobio de Úbeda. En vísperas de su muerte fue a visitarlo el Provincial de Andalucía, fray Antonio, que, por cierto, había sido compañero de fray Juan en la época heroica de la primera reforma carmelitana en Duruelo.

Fray Antonio comenzó a relatar ante los hermanos que rodeaban el lecho del agonizante el género de vida que llevaron en aquellos primeros años de la reforma, una vida de altas exigencias y rigurosas penitencias. Y en esto, el moribundo fray Juan le cortó la palabra, diciéndole: "Hermano, ¿pero no quedamos en que de eso nunca se diría nada?" Hermoso. En aquellos épicos y lejanos días, los dos reformadores habían establecido una especie de sagrado juramento, un pacto de silencio por el cual se comprometían a no contar nunca nada de lo que allí se había vivido, ni siquiera para edificación de los hermanos.

Este episodio dejó en mi alma una herida que todavía no se ha cicatrizado; aún hoy me conmueve. El profeta de las nadas ha sido desde los días de mi juventud una de las cumbres que más me han fascinado.

Viajero por la noche

Otra de las figuras que ha dejado huellas indelebles en mi historia, sobre todo en cierta época, fue Charles de Foucauld hombre de desierto y habitante de las regiones anónimas.

Después de su conversión, el hermano Carlos fue obsesivamente arrebatado por el embrujo de Nazaret y, claro está, por el gran desconocido de dicha aldea: Jesús. Y, para poder vivir desaparecido a la manera del Hijo de María, allá se fue presurosamente para ejercer el oficio de mandadero para las clarisas de Nazaret; y allí permaneció largos años cumpliendo los encargos y haciendo las compras para el monasterio contemplativo.

Estampó en la cabecera de la puerta de su retirado y humildísimo cuarto el ideal de su vida: "Jesús, María y José, aprenderé de vosotros a callarme, a pasar oculto por la tierra, como un viajero por la noche".

Acabado el período convenido en el servicio de mandadero, anduvo en los años siguientes de desierto en desierto en una existencia improductiva e inútil –tan inútil como la de su Maestro de Nazaret–, una vida, en fin, aparentemente sin sentido. Y murió como le correspondía: absurdamente.

* * *

Mientras una pandilla de mozalbetes asaltaba y saqueaba el eremitorio donde vivía el hermano Carlos en el desierto de Béni-Abbés (Argelia), los asaltantes encargaron a uno de sus jóvenes camaradas que custodiara, fusil en mano, al hermano Carlos en las afueras del recinto, mientras ellos se dedicaban al pillaje. En esto, a uno de los ladrones se le ocurrió gritar, queriendo hacer una gracia: "¡La policía!". Y, en una estampida desatada, todos se dieron a la fuga. El adolescente que custodiaba al hermano Carlos, atolondrado y sin darse cuenta de lo que hacía, descerrajó el fusil sobre el pecho del hermano, que murió instantáneamente.

* * *

¿Cabe mayor absurdo? ¿Dónde está la aureola del martirio, la proyección trascendente de un final heroico? Nada. Uno queda sin saber qué decir ni hacia dónde mirar. ¿Cómo entender esto? No hay manera. Es como si nos hubiéramos topado con la razón de la sinrazón, con la utilidad de la inutilidad, con el sentido de lo absurdo. El Hermanito murió como había vivido: sin espectáculo ni gloria.

Este final del hermano Carlos se parece tanto a la catástrofe del Calvario, pero es peor todavía. Por lo menos, en la cumbre del Gólgota había tragedia, pero aquí sólo el absurdo.

Un significado invisible, pero palpitante, puede conferir a una tragedia una dimensión de grandeza y trascendencia por encima del tiempo y los horizontes. Pero aquí, en las entrañas de esta vulgar caída del profeta, tan solo yace la nada como una estrella muerta. Estamos ante un misterio enorme. Cerremos la boca, y huyamos también nosotros, buscando refugio en el templo de la fe pura.

En el camino de la libertad

Pues bien, hipnotizado por el vértigo de estas altas cumbres, también *yo* me dejé arrastrar por su ejemplo hace aproximadamente 30 años; y decidí dejarme envolver por el remolino de cuanto significara silencio, y emprendí el vuelo hacia la región del olvido. Fue una lucha épica contra todas las tempestades y exigencias del narcisismo, egolatría y autoglorificación, fuerzas que se originan en las últimas raíces genéticas de mi personalidad.

Decidí, pues, entrar resueltamente, y entré, como en un reactor de vaciamiento, soltando al viento delirios y quimeras, rehusando conceder al "yo" ni una manzana de autosatisfacción, evitando mendigar disfrazadamente elogios y lisonjas. Fue el camino de la libertad.

Por aquel tiempo, mis verbos favoritos eran esconderse y desaparecer. Esto parece difícil de creer, pues era la época en que yo comenzaba a navegar entre multitudes. Lo importante era que mi residencia estuviera en la retaguardia, sin asomarme jamás al primer plano, a pesar de actuar, paradójicamente, en el primer plano; es decir, conducirme como si la conmoción popular entrara por un oído y saliera por el otro, como si yo no existiera, sin hablar de mí mismo ni siquiera para despreciarme.

* * *

Mil veces me solicitaron los auditorios que les hablara de mi vida privada con Dios. Sé muy bien que los llamados "testimonios de vida" impactan fuertemente a los asistentes a una asamblea; les hace mucho bien, porque las gentes se sienten edificadas y motivadas para mejorar. Pero sé también de qué manera increíblemente camuflada y sutil puede meter la nariz la vanidad. En cuanto parece que estamos resaltando la gloria de Dios, sin darnos cuenta podemos estar entregando bocados de vanagloria a un "yo" inflado.

Si yo no pronunciara mucho el nombre de Dios, no sería conocido. Podría, pues, comenzar a promover el nombre de Dios, para, detrás de su nombre, proyectar mi nombre. Es decir: tomar a Dios como un estrado para, sobre ese estrado, erigir mi trono. Si yo no hablara desde una plataforma, los asistentes no me verían; si no pronunciara mucho el nombre de Dios, el público no me conocería. En lugar de servir a Dios, podría comenzar a servirme de Dios para mi propia gloria, en una híbrida aleación.

Naturalmente, Dios no puede bendecir la obra del heraldo que sistemática y solapadamente se busca a sí mismo con ocasión de su actuación. Podrá tener mucha productividad, cuantificable en estadísticas,

15

pero no habrá fecundidad, porque la fecundidad, eternamente fruto de la gracia, se da en proporción al silencio.

Por aquel tiempo, podía percibir que yo podía caer, y había caído en esta sacrílega promiscuidad; ¡y qué fácil es enredarse, sin darse cuenta, en ese juego! El misterio se consuma en el nivel de las intenciones y motivaciones que operan por debajo de la línea de flotación.

*   *   *

Empecé, pues, a conjugar enérgicamente el verbo desaparecer. Emprendí resueltamente el rumbo de las nadas y el vacío. Y, a pesar de mis congénitas ínfulas narcisistas, y a pesar de navegar por ese tiempo en medio del vaivén de las muchedumbres, me encerré en la noche oscura, me envolví en un manto de silencio, eché un candado a la boca y sometí a una prolongada abstinencia a todos los hijos e hijas del "yo".

Más de una vez hice el ridículo ante mis propios familiares cuando, tras años de ausencia, nos encontrábamos y me preguntaban por mi vida y actividades, y... la verdad que a mí no me salían sino monosílabos: "bien, bien". Al parecer hasta se me había olvidado hablar de mis cosas, mientras no cesaba de animar la conversación preguntando y haciendo recaer el interés sobre la vida de amigos y conocidos.

Peor todavía. Esta ascesis de silenciamiento fue repercutiendo, en cierta manera, en mi personalidad en el sentido de que, sin darme cuenta, fui distanciándome y evadiendo la vida social y el trato con las gentes, convirtiéndome cada vez más en un ser retirado, por no decir retraído. Rara vez, por no decir nunca, acepté invitaciones a fiestas de onomásticos u otros eventos familiares.

No sé hasta qué punto este género de vida haya sido positivo o negativo para mí mismo y mi misión apostólica. Más de una vez me asaltó esta duda.

Más aún. Eludí durante años las entrevistas periodísticas, y sobre todo las apariciones en los canales de televisión. Esta renuncia, sin embargo, me envolvió con el tiempo, en un verdadero cuestionamiento de conciencia, porque comencé a sospechar que ella podría no ser cosa de Dios, y entré en la duda de si no estaría ya cayendo en una sutil trampa de una falsa humildad. El hecho es que, a partir de este esclarecimiento, en los últimos años he participado a menudo en programas periodísticos y radio-televisivos en diversos países.

* * *

No recuerdo haber regalado a nadie un ejemplar de mis libros. Siempre he sentido una extraña sensación como de vergüenza. ¿Vergüenza, de qué? ¿Complejos? Me resulta difícil autoanalizarme. Sospecho, sin embargo, que los resortes ocultos que motivaban esta sensación de rubor operaban por los rumbos del olvido por los que yo había decidido transitar.

Durante estos lustros, me sorprendía a mí mismo, en ocasiones, durante el día, con ensueños del siguiente tenor: me gustaría, desearía vivir en un mundo imposible en el que nadie supiera de mí, en el que nadie me recordara, y todos me hubieran olvidado, como una isla perdida en alta mar. Totalmente ignorado. Esta hipótesis la encontraba fascinante. Me parecía que así había vivido el Pobre de Nazaret por tres décadas.

Pero cada vez que despertaba de esa extraña fantasía no dejaba de alarmarme, dudando si esa fantasía sería una sana ilusión, o si, en la retaguardia, no habría alguna quiebra de carácter emocional. Como tantas veces, y en tantas cosas, no lo con-

17

sulté con nadie, sino que lo dejé todo en Sus Manos, en silencio y paz.

Alegría con certeza

Pues bien, después de este amplio rodeo, regresamos al punto de partida. Dije al principio que, cuando el Director de PPC me invitó a colaborar en la citada colección, acepté la invitación sin pensar en la responsabilidad que asumía. La acepté, entre otras razones, porque me hacía ilusión el colaborar con PPC, ya que esta Editorial me evocaba el recuerdo de un ser entrañable, admirado por mí desde los días de mi juventud, José Luis Martín Descalzo, ya en la Patria.

A los pocos días de aquella entrevista, me trasladé a Quito para participar en una Asamblea internacional de Talleres de Oración y Vida (TOV). Mientras se desarrollaban las sesiones de la Asamblea, en los momentos libres, fui hojeando y leyendo los libros de la colección que Javier me había obsequiado. Y entonces comencé a tomar cabal conciencia del carácter casi autobiográfico de los escritos que integraban la colección.

Es difícil expresar con palabras el torbellino que se originó en mis aguas interiores, en cuyos remolinos me sentía yo zarandeado de un lado para otro por fuerzas potentes y contrarias. Un sudor frío parecido al del pánico se apoderó de mi alma, pobre alma atrapada entre las mandíbulas de la contradicción. ¿De qué se trataba?

Como lo expliqué en las páginas anteriores, yo estaba comprometido conmigo mismo a vivir encerrado en la gruta del silencio. Más aún, había adquirido el hábito de pasar inadvertido cubriendo con un manto de silencio mis mundos y mis cosas, y me sentía feliz en la penumbra.

18

Pero ahora, por la misma naturaleza de la colección, se me invitaba a descorrer las cortinas, abrir las compuertas de la intimidad y colocarme en el primer plano, a la luz del día. Fue una contrariedad. ¿Qué hacer? Dejé pasar un día y otro. Sentía una gran renuencia por abordar el asunto. Pero tenía que responder, y no podía postergar demasiado la decisión.

* * *

Por fin, todo se solucionó allí mismo, en la habitación solitaria, al quinto día de la Asamblea. La habitación ha sido siempre para mí escritorio y oratorio, y esta vez lo fue de una manera especial.

Desde las cinco y media de la madrugada de ese quinto día me puse en Su Presencia con todas las energías concentradas. Coloqué mi problema en Sus Manos. Humildemente le solicité el favor de que, a lo largo de esa jornada, hiciera brotar en mi interior, como un surtidor, la certeza, una certeza tejida de alegría.

Al paso de las horas, se fue desarrollando ante los ojos de mi mente una película. Ella estaba trenzada de convicciones y claridades, con el siguiente matiz: al final, lo decisivo no es el acto, sino la intención. Si la intención es recta, el acto es puro. Si la intención va enfilada al centro del "yo", automáticamente el acto queda corrompido, y queda corrompido en la medida en que lo realice para mi provecho, vanidad y satisfacción.

Un apóstol de Jesucristo podría pasar por este mundo entre el delirio de las muchedumbres, aclamado por la opinión pública, y en su recodo interior, no ser sino un humilde anacoreta. La cuestión es, pues, la pureza de intención: no lo que hago sino la intención con que lo hago. El misterio se consuma, pues, en las últimas y más recónditas latitudes de las motivaciones, en la frontera misma del mundo inconsciente. Así pues, la esencia de la cuestión es una: que Dios sea la motivación última y única de cuanto yo haga, diga, escriba...

* * *

Serían como las seis de la tarde de ese quinto día de la Asamblea de Quito cuando, en mi interior, se produjo una súbita alteración atmosférica; desaparecieron las nubes, y el azul cubrió los espacios.

Era lo que yo había solicitado esa mañana: la alegría. Una alegría revestida de certeza o una certeza vestida de alegría. Pero no era exactamente alegría; era otra cosa y mucho más: era seguridad, fiesta... que hasta hoy me ha acompañado, aunque en intensidad menguante.

Interpreté esa alegría como señal de la voluntad de Dios. Dios quería que yo saliera de la gruta del silencio y expusiera a la luz pública "nuestra" vida privada, mi vida con El.

Todo estaba claro. Escribiría, pues, el libro que se me había solicitado, y sería un libro salido desde dentro, y a partir de la primera palabra. Ya dije que mi vida no ha tenido interés biográfico desde el punto de vista histórico o anecdótico. Desde ese ángulo, mi existencia es de lo más anodina y amorfa.

Hablaré, pues, para gloria de Dios, de algunos lances habidos en mi historia personal con Dios, y todas las páginas de este escrito estarán impregnadas por el dinamismo e inmediatez de situaciones personales experimentadas en el teatro de la vida.

II

Nunca fui un estudiante sobresaliente, sino más bien regular. En los primeros años del seminario yo era un muchachito reservado e inhibido, que ni siquiera me atrevía a abrir la boca, porque apenas sabía hablar castellano.

En efecto, yo había nacido en un caserío en las proximidades del santuario ignaciano de Loyola (Guipúzcoa, España). En esa época en que apenas existían aparatos de radio en las casas, poco o nada había oído yo hablar el castellano. Mi único idioma de comunicación, en esa importante etapa de mi existencia, había sido el *euskera*, la lengua de los vascos.

En esos años de seminario, entre mi innata timidez y mi dificultad de expresarme en castellano, yo me sentía como un jovencito perdido en un mundo extraño y un tanto hostil. Hostil, porque recién acababa de finalizar la guerra civil española, y los vascos habíamos sido derrotados precisamente por los carlistas navarros que luchaban en el bando de Franco. Al menos, eso es lo que sucedió en mi provincia de Guipúzcoa.

* * *

Ahora bien, en el seminario la mayoría de los compañeros alumnos eran navarros, así como también la mayor parte de los profesores (religiosos capuchinos). Obviamente era inevitable una cierta hostilidad am-

21

biental respecto de los vascos, a quienes se calificaba como "rojos separatistas". En esta atmósfera transcurrieron los años de mi primera juventud. No fueron años fáciles: solitario, en medio de la algarabía juvenil, con hambre y carencia de afecto.

Nunca me sentí apreciado por nadie, cosa dolorosa para un jovencito sensible. No recuerdo haber sentido ningún detalle de predilección por parte de profesor alguno. Sospecho, más bien, que ellos presentían que este jovencito no iba a perseverar, y no valía la pena ayudarlo ni estimularlo.

Ahora, a mis casi 70 años, cuando miro atrás y evoco aquellos años, quedo asombrado pensando cómo yo no huí del seminario a mi casa paterna, cómo pude perseverar. Y me respondo a mí mismo que mi perseverancia se debió a dos factores: en primer lugar, en el fondo de aquel muchachito palpitaba ya desde entonces la tenacidad típica de los vascos; en segundo lugar, también me retenía allí una sólida piedad centrada en Jesús, piedad que me había sido transmitida por mi padre.

En los momentos de desamparo de los helados días invernales del seminario, cuántas veces me agarré al recuerdo de mi padre que, en las noches de Semana Santa nos convocaba al seno de la familia a nosotros, sus hijos, niños todavía, para hablarnos de Jesucristo Crucificado con tanta inspiración, concentración y pasión que nos conmovía hasta las lágrimas.

Ese recuerdo me acompañó durante muchos años, y cuando lo evocaba en los momentos críticos del seminario, me infundía un coraje invencible.

* * *

En los años de teología tampoco fui un brillante alumno; y esta vez por otra razón. Me explico.

22

En las últimas latitudes de mi ser siempre ha palpitado un algo que yo llamo *veta mística*. Se trata –digámoslo así– de una predisposición congénita de personalidad, heredada probablemente de mi padre, por la que siempre está ardiendo dentro de mí una brasa que frecuentemente se transforma en llama viva.

Es la sed de Dios que nunca me deja en paz, como una zarza que siempre arde y nunca se consume. Una sed tan misteriosa que, cuanto más se sacia, más insaciable se torna.

Por todo lo cual, siempre alimenté dentro de mí, por esos años juveniles, un anhelo apremiante por llegar al estudio de la teología, para poder navegar, a velamen desplegado, por los mares de Dios.

Pero no sucedió lo que había soñado. En la medida en que avanzaban las clases de teología, lentamente comenzó a dominarme, primero la duda, más tarde la perplejidad y, finalmente, la desilusión, abierta y flagrante. No era eso lo que yo buscaba.

* * *

Aquella teología no me decía nada. Era la teología escolástica. Es decir, una reducción del Dios vivo y verdadero a unos esquemas mentales, categorías aristotélicas, y un montón de abstracciones y especulaciones. El Dios emergente de aquellos silogismos lógicos no quemaba, no refrescaba, no estremecía. No era el Dios vivo.

Recuerdo que un día le dije al profesor: "Parece que estamos convirtiendo a Dios en un montón de palabras, hilvanadas por una lógica interna". Y me respondió: "Sea humilde, y pida el espíritu de sabiduría".

Por aquellos días tuve yo una evidencia que me acompañaría durante toda la vida: que una cosa es la palabra Dios y otra cosa es *Dios mismo;* que nadie se embriaga con la palabra vino ni se quema con la palabra fuego.

Todos tenemos en la mente la idea de que el fuego quema, pero otra cosa es meter la mano en el fuego y saber experimentalmente que el fuego quema. Todos sabemos que el agua sacia la sed, pero otra cosa es beber un vaso de agua fresca en una tarde de verano, y así saber vivencialmente que el agua sacia la sed. Desde los días de la primera comunión sabemos que Dios es Padre, pero otra cosa es estremecerse hasta las lágrimas al sentir, en una quietud concentrada, la proximidad arrebatadoramente deliciosa e infinitamente consoladora de ese Dios que no hay manera de definirlo ni nombrarlo.

Estas evidencias y distinciones me nacieron en aquella época lejana en la que yo experimentaba los primeros golpes del desengaño acerca de la teología especulativa. ¿De qué sirve un Dios reducido a puros esquemas mentales y juegos de palabras? Dios no es una idea o una teoría; es Alguien que no tiene nombre, es decir, absolutamente *in-efable*, a quien se le conoce en el trato personal y en la noche de la fe.

* * *

Como aquella teología nada me decía, y enfrascarme en las tesis escolásticas me causaba tedio, por largos períodos me dediqué a otra cosa: conseguía –en este momento no podría precisar cómo– obras de autores que sí me hacían vibrar, y me zambullía en sus escritos con deleite y provecho. Eran autores humanistas, filósofos existencialistas, poetas y pensadores, como Kierkegaard, Dostoyewski, Paul Claudel, León Bloy, Unamuno, Ortega y Gasset, Gregorio Marañón, Antonio Machado y otros similares. Estas lecturas las llevaba a cabo –pienso en este momento– de una manera un tanto clandestina, porque, como el lector puede imaginar, los responsables de los colegios teológicos no aprobarían semejante proceder.

Como se puede advertir, no fui un buen estudiante.

Este hecho que, a primera vista, puede parecer negativo, desde las alturas de la vida en que me encuentro, lo considero positivo y quizá providencial.

Según el testimonio de muchos lectores, hay en mi obra, hablada o escrita, una impronta humanista y poética.

El haberme familiarizado con estos autores me ha facilitado enormemente la posibilidad de expresar eficazmente sentimientos y vivencias interiores en mis diez libros.

Acaso no sea del todo cierto, pero numerosas personas me han asegurado que, a su parecer, mi lenguaje hablado o escrito no es el lenguaje típicamente clerical, sino algo distinto y más eficaz. Si es así, imagino que se debe a haberme enfrascado tanto en la lectura de aquellos autores humanistas en mis años de estudiante de teología.

Noches transfiguradas

Más tarde veremos cómo esta deficiencia de teología racional fue compensada en épocas posteriores con una inmersión de largo aliento en las profundidades divinas.

Pero, aun en los años de mi juventud, mi alma quedó cautivada para siempre por los pozos sin fondo de la teología paulina, en cuyas corrientes subterráneas –nunca lo olvidaré–, relumbraba seductoramente la efigie viva de Cristo bendito, a cuyo resplandor los enigmas, las sombras, los ensueños, el vacío y el horror, todo se vestía de claridad. Era la aurora boreal.

Por aquellos tiempos era costumbre en la Orden Capuchina levantarse a media noche para el rezo de Maitines y Laudes. Una costumbre ancestral, nacida en los siglos pretéritos y transmitida de generación en generación. Era una de las costumbres monásticas que a mí me resultaba de las más mortificantes. Dicen las ciencias del hombre que las primeras horas del sueño son las de máxima profundidad y descanso. Pues, a esas horas nos levantaban: a las doce en punto de la noche, al son de sonoras campanas.

* * *

Pero, al regresar a la celda, sucedía lo mejor. Lo que voy a desvelar no sucedía todas las noches, pero sí con alguna frecuencia, y en las noches de verano. Era en la ciudad de Pamplona (Navarra), extramuros. Yo me asomaba a la pequeña ventana conventual que daba sobre el río Arga, cuyas arboladas riberas estaban pobladas de ruiseñores. No hay placer como el de escuchar a los ruiseñores en una noche profunda de verano.

La escena, en todo caso, era con Jesús. Imposible describirla. Todo era quietud, una quietud traspasada de silencio; arriba, innumerables estrellas sobre el fondo oscuro, y por todas partes flautas y oboes de ruiseñores. Desde las más remotas ensoñaciones del mundo surgía y venía alguien: Jesús. Con su mano extendida imponía la calma sobre los remos cansados, las pasiones agitadas y los sueños imposibles. Y, con El, todo era reposo y certeza en el puerto terminal.

Estábamos los dos más allá de las palabras. El era el Unico en la noche estrellada, el ideal eterno del alma profunda de la humanidad. Sólo sé que El estaba conmigo, que me arropaba con su resplandor, y que no había en el camino lamentos, cadenas ni lutos. ¿Era la eternidad? Sólo sé que yo era irresistiblemente atraído y tomado por El. Era Jesús el que, en su infinita potencia y misericordia, se desplegaba sobre los mil mundos de mi interioridad. Noches venturosas. No siempre fue con ese poder y esplendor, claro está. Sólo sé decir que hubo noches memorables.

* * *

Había ocasiones en que aquello se prolongaba noche adentro, y en algunas oportunidades me era imposible dormir luego de esas vivencias. Más de una vez, el sueño me visitaba durante las clases de la mañana, con el siguiente balanceo de cabeza. Disimulaba como podía, ocultándome a veces detrás del alumno situado delante de mí; otras veces me lavaba enérgicamente la cara con agua fría antes de ingresar al aula.

Al parecer, ningún profesor me sorprendió en estos balanceos de cabeza, o al menos nadie me reprendió por ello. Y si lo hubiera hecho, habría tenido que recurrir a alguna piadosa mentirita, porque esas noches transfiguradas las he guardado en un cofre de silencio hasta este mismo momento.

No sé por qué la *Dirección Espiritual* nunca me sedujo. Jamás recurrí a un ser humano para depositar en sus manos mis secretos con Dios. Toda mi vida he sido un empedernido solitario; y de lo mío profundo nadie ha sabido nada. ¿Error? Puede ser. Pero nunca sentí necesidad de acudir a nadie fuera de alguno que otro momento excepcional. ¿Autosuficiencia? No sé: siempre he sido tímido (tímido y audaz a la vez) en todos los emprendimientos y aventuras de la vida. Pero también he tenido y tengo tanta seguridad en la potencia inagotable y en los dones dispares y múltiples de mi Señor que simplemente me he dejado llevar en Sus Manos como un niño confiado.

Sacerdocio

Dos fuerzas embriagaron mi juventud: la amistad divina y la música. Ellas debían de ser también mis compañeras de ruta a lo largo de mis años. Por este tiempo, yo era director del coro de estudiantes teólogos. El poder dirigir una partitura ponía en pie todas mis potencias, y mis cuerdas entraban en vibración. Pero me faltaba la paciencia. Era demasiado exigente con los integrantes del coro, y cuando no conseguía lo que consideraba la altura ideal, perdía los estribos. Pero cuando lograba aquella soñada ecuación entre mi inspiración interior y la respuesta del coro, experimentaba algo difícil de explicar.

Otras veces me sentaba al piano. Solo. Y daba rienda suelta a la improvisación entre acordes sorprendentes y extraños. Todo era evocación: volaba, navegaba, surcaba los espacios siderales, más allá de las galaxias. Eran otros mundos. Entiendo que, en buena filosofía, a eso se le llama *éxtasis o salida de sí*. De verdad, era una transposición, un situarse más allá de este mundo y su realidad. Esos momentos constituían un disfrute altísimo.

* * *

¿Hubo vacilaciones en mi vocación? Meses antes de la ordenación sacerdotal fui descendiendo por los abismos del misterio sacerdotal, que constituía, según me parecía, el compromiso máximo que un creyente podía contraer con Jesucristo. Por ese tiempo, el ideal sacerdotal era para mí como una espada centelleante clavada en lo más alto de la montaña. Quizá demasiado alta.

Por ahí se me metió la duda una y otra vez, la duda de la fidelidad. No es que vacilara en quedarme más allá o más acá de la línea: ordenarme o no ordenarme. Nunca he sufrido del complejo de Hamlet. La duda era si habría en mí suficiente caudal de generosidad como para mantenerme a la altura del ideal soñado. Era el miedo a la mediocridad, el temor de ser alcanzado por la rutina y convertirme en un simple funcionario de las cosas sagradas, sin garra, sin el estigma de un testigo, sin el aliento de un profeta. Estas eran las dudas que, en ocasiones, me hacían tambalear.

A medida que se aproximaba la fecha de la ordenación fueron esfumándose esas nubes. Recuerdo que unas semanas antes del día de la ordenación, una loca ilusión henchía las velas de mi nave; y la nave avanzaba veloz entre la espuma de los ensueños por el ancho y profundo mar del próximo sacerdocio. Esta ha sido una de las constantes de mi vida: vivir los grandes sucesos con más emoción de antemano que después de acaecidos.

* * *

Llegó la semana previa. No había clases para los ordenandos, sino retiro total. Fueron días de embriaguez. Yo buceaba incansablemente en los mares paulinos, completamente deslumbrado por la efigie de aquel Jesús que palpitaba en sus profundidades.

Sobre todo, soñaba con los pobres. Por aquel tiempo andaba yo fuertemente sensibilizado por un sacerdocio dedicado a la justicia social, a la redención del proletariado y la doctrina social de la Iglesia. Ante los ojos de mi alma desfilaban por aquellos días los emigrantes, los navegantes, los obreros, los sindicatos, los campesinos, los mendigos, los cesantes. Soñaba, deseaba apasionadamente que mi sacerdocio fuera preferentemente para los favoritos de Jesús, los pobres. En realidad, ese sueño nunca me ha abandonado.

Llegó el día de la ordenación: 21 de diciembre de 1952. Transcurrió la ceremonia en una total con-

29

centración para mí, rodeado de mis familiares. A continuación vino toda la parafernalia de besamanos, homenajes, fiestas, preparativos para la primera misa...

¿Me creerá el lector si le digo que fue un día frustrante? Y no sólo ese día, sino también los subsiguientes. Sentí uno de los peores vacíos de mi vida: distraído, dispersivo, vacío. Era una oportunidad única en la vida y me hubiese gustado haberla vivido a pleno pulmón, solitariamente, en un risco inaccesible, en la choza perdida en lo más profundo del bosque, en un desierto donde no crece ni un arbusto.

En suma, anhelaba ardientemente poder disfrutar ese día, y esos días, embebido y absorto en el enorme misterio del sacerdocio que se me había otorgado, en cuyo epicentro respiraba Jesús.

Pero no fue así. La oportunidad ya pasó. Y no volverá.

Los primeros vuelos

A los seis meses de la unción sacerdotal quedaron completados mis estudios teológicos. Pero durante ese semestre, los neosacerdotes no se ejercitaban, según era costumbre, en ninguna actividad sacerdotal propiamente tal.

En esta etapa final de los estudios yo me sentía como una de esas avecillas impacientes por saltar del nido. Era un soñador. Sentía apremio, pero no sabía exactamente de qué..., tenía urgencia por realizar actos difíciles, heroicos, como Francisco Javier en el Oriente, quería recorrer plazas y mercados para gritar las buenas nuevas, dejando por ahí jirones del alma, quería levantar en alto el estandarte de la justicia, acallar el llanto, secar lágrimas, evangelizar a los pobres.

Pero, ¡vana ilusión!, no sucedió nada de eso: eran sueños de un joven inquieto. Más tarde, la vida y los años me enseñarían tantas cosas: que no hay que forzar nada, que no somos nosotros los que salvamos, que hay que esperar que se vayan abriendo puertas... en suma, los grandes valores de la vida: la paciencia, la firmeza, la fidelidad. Pero en ese momento yo tenía 25 años; y si toda mi vida ha estado marcada por la impaciencia, cuánto más en esos años en que me consumía de urgencias.

El hecho es que el viento se encargó de aventar aquellos sueños, y de hecho, mi vida comenzó a tomar los rumbos más inesperados. Ahora, desde la altura de la setentena, estoy en condiciones de afirmar con convicción y madurez algo que el paso de los años me ha ido enseñando, a saber: tal como las cosas han ido aconteciendo "fue lo mejor". Por consiguiente, y echando una mirada global y retrospectiva a mi historia personal, puedo afirmar que, no obstante que casi todo lo realizado en mi vida a lo largo de tantos años ha sido de alguna manera, contra mis gustos o mis preferencias, estoy, sin embargo, en condiciones de afirmar solemnemente: todo lo que sucedió "fue lo mejor" para mí. El Padre Dios siempre me llevó por caminos imprevisibles y desconcertantes.

* * *

A cada uno de los sacerdotes que habían completado sus estudios, las autoridades de la Orden Capuchina a la que pertenecíamos señalaban un destino a esas alturas del año: unos realizarían estudios superiores en alguna Universidad, otros emigrarían a tierras de misión, otros deberían cubrir diversos ministerios en las distintas casas de la Orden. Como se comprenderá, eran momentos de alto nerviosismo para todos los egresados, porque cada uno llevaba clavada una espina: ¿cuál será mi destino? Por otra parte, los superiores llevaban esta distribución de destinos con gran sigilo y discreción, mayor motivo de nerviosismo.

Mi caso era un tanto atípico: por un lado, yo no había sido un buen estudiante; por consiguiente, la Universidad estaba descartada para mí. Por otro lado, y como contraste, en mis últimos años de estudiante yo había manifestado –y era algo notorio– un gran apasionamiento por la problemática social y por la liberación de los oprimidos. Llegaron rumores a mis oídos de que los Superiores estaban considerando la posibilidad de enviarme a la Universidad de Lovaina, para especializarme en la Doctrina Social de la Iglesia. Eran rumores.

Así estaban las cosas cuando, de pronto, se produjo la vacante de la organistía en la iglesia de Nuestra Señora de Lourdes de San Sebastián, un templo muy frecuentado por la feligresía. Había fallecido inesperadamente el organista titular, y los Superiores pensaron en mí, porque yo había adquirido cierto prestigio como organista.

A los pocos días, y no sin cierta desilusión, allá me fui al nuevo e inesperado destino, donde permanecería dos años ligado al teclado del órgano. Y, a continuación, cuatro años más, también como organista, en la iglesia de san Antonio de Pamplona.

Se dice pronto: ¡seis años! Para mí, un joven impaciente, era mucho tiempo, demasiado tiempo. Años perdidos, pensaba yo. Difícilmente podía evadirme de la sensación de esterilidad, y de estar lamentablemente malgastando el tiempo. La impaciencia me consumía. Mis sueños apostólicos degollados. No podía consolarme.

Sin embargo, a estas alturas de la vida en que ahora me encuentro, contemplo aquel sexenio aparentemente baldío de una manera bien diferente. Hoy me asisten tantas certezas: que no sabemos nada, que muchas veces contemplamos la realidad con la nariz pegada a la pared; y la pared se llama el tiempo, y no sabemos qué hay detrás de esa pared. Que tenemos dos horizontes herméticamente clausurados:

el primero, el no saber qué sucederá esta misma tarde, y el segundo, el no saber cómo habría sido nuestra vida si las cosas hubieran sucedido de otra manera: por ejemplo, qué dirección habría tomado mi vida si hubiera sido destinado a estudiar Sociología. ¿Quién hubiera imaginado en aquella época los rumbos insospechados que habría de tomar mi existencia? No sabemos nada.

¿Voluntad de Dios? Para saberla, hay que dejar pasar mucho tiempo, mirar atrás desde la perspectiva de los años transcurridos: y desde esta altura contemplaremos una zigzagueante pero admirable pedagogía por la que Su Voluntad nos ha ido conduciendo sabiamente hasta este momento. Y con toda naturalidad acabaremos concluyendo: todo está bien, fue lo mejor.

Un relámpago en la noche

El superior de mi comunidad, consciente y compadecido de mi íntimo desencanto, me permitía, ocasionalmente, algunas salidas apostólicas para tareas menores en los pueblos de Navarra.

Generalmente, la tarea consistía en confesar al pueblo por espacio de varias horas el sábado por la tarde, y, al día siguiente, domingo, oficiar una misa a media mañana, con predicación. Estas salidas constituían un gratificante refresco para mis anhelos insatisfechos por salir al mundo y soltar al aire el nombre del Señor. En cada ocasión salía feliz, y regresaba con aquella satisfacción con que los 72 discípulos retornaron de su primera salida apostólica.

* * *

En los archivos de nuestra vida, algunas fechas están marcadas con tinta roja. Son datos que nunca

33

serán cubiertos por el polvo del olvido, porque ya entraron para siempre en las moradas del recuerdo. Son heridas que nunca cicatrizarán: al contrario, siempre se respira por ellas, y se respira bálsamo y perfume. Son como fogonazos que fulguran una sola vez en la vida, pero se convierten como en cartas de navegación para la travesía del mar de la existencia.

Una vez relumbró ante los ojos de mi alma ese fogonazo, y voy a intentar meterme en el capítulo más enigmático de mi historia personal, tratando de explicar lo inexplicable.

Era el mes de junio de 1957, en la festividad del Sagrado Corazón de Jesús. Un mes antes de la solemnidad, el superior de la casa me encomendó el compromiso de predicar ese día en un pequeño pueblo de Navarra. Mi corazón danzó de alegría. No podía haber recibido noticia más halagüeña: hablar sobre el amor de Jesús.

La semana anterior a la festividad, sin embargo, surgieron en torno a mí, y conmigo, algunas desinteligencias en la comunidad. Siempre sucede lo mismo: cuando no hay grandes problemas, se magnifican y dramatizan los pequeños. Llegada la fecha y la hora señalada, tomé el autobús en Pamplona y me desplacé a Sangüesa. Aquí tomé otro transporte de menor envergadura que me llevaría a un pueblito llamado Gallipienzo, donde debía actuar. Durante el viaje, mi alma era como un tendido de sol y sombra: por un lado la alegría de participar y actuar en la solemne festividad, y, por otro, las nubes oscuras de los disgustos todavía prendidos de mis horizontes. Aún no había aprendido a ahuyentarlos.

En la tarde del sábado dediqué largas horas al confesonario. Recuerdo que a cada uno de los penitentes les hablaba con pasión y fuego de las entrañas de misericordia y del amor incondicional de Cristo Jesús.

Llegó la noche. Me acosté. No podía dormir: no se disipaban las nubes oscuras de mi alma. Me levanté, me asomé a la ventana para tomar aire y contemplar las estrellas. No recuerdo bien si todavía estaba dando vueltas a mis disgustos o si intenté orar, el hecho es que, repentinamente, algo sucedió. Y aquí llegamos al momento fatal de tener que explicar lo inexplicable.

Han pasado cuarenta años desde aquella noche, pero todos sus detalles están todavía tan vivos y presentes en mi memoria como si hubieran acaecido esta misma noche. Pero estoy convencido de que ni entonces, ni ahora, ni nunca se podrá reducir aquello a palabras exactas. Sólo el lenguaje figurado podría evocar, presentir o vislumbrar algo de lo que allí sucedió. Pido, pues, disculpas por tener que balbucir alguna aproximación con un lenguaje alegórico.

* * *

¿Qué fue? Un deslumbramiento. Un deslumbramiento que abarcó e iluminó el universo sin límites de mi alma. Eran vastos océanos plenos de vida y movimiento. Una inundación de ternura. Una marea irresistible de afecto que arrastra, cautiva, zarandea y remodela como lo hacen las corrientes sonoras con las piedras del río.

¿Qué fue? Quizás una sola palabra podría sintetizar "aquello": AMOR. El AMOR que asalta, invade, inunda, envuelve, compenetra, embriaga y enloquece. El hijo (prefiero hablar en tercera persona) quedó arrebatado como si diez mil brazos lo envolvieran, lo abrazaran, lo apretaran; como si un súbito maremoto invadiera las playas; como si una crecida de aguas inundara los campos. La noche y el mundo se sumergieron, las estrellas desaparecieron. Todo quedó paralizado. Locura de amor. Silencio.

Tenía razón Jesús: no es Dios. Ni siquiera es el Padre. Es el Papá queridísimo, quizá la Mamá amantísima. Durante toda la noche yo no dije nada. Sólo lágrimas, lágrimas embriagadas, lágrimas cautivadas, lágrimas enamoradas. Tampoco El dijo palabra alguna. Inclusive me parecía que las palabras, en esa noche, no eran sino sonidos ridículos.

La conciencia no fue anulada, sino desbordada. Mi estado consciente fue arrasado y arrastrado por la pleamar del amor sumergiéndolo todo en un estado de total embriaguez. No cabe otra alternativa sino la de rendirse, entregarse y llorar sin saber qué decir o qué hacer. Es la posesión colmada en la que los deseos y las palabras callaron para siempre.

* * *

Pongamos una comparación. Estamos, supongamos, en una noche muy oscura. De pronto estalla un relámpago, y ¡oh prodigio!, todo queda alumbrado con la claridad del mediodía. Al instante, de nuevo la oscuridad. Pero, ahora, en medio de esta densa oscuridad, ya sabemos cómo es el paisaje que, con sus infinitos tonos y perfiles, quedó grabado en la retina y en la memoria al fulgor de un relámpago. Esta puede ser una comparación aproximativa para barruntar algo de lo que sucedió en aquel momento.

¿Cuánto duró el "relámpago" de aquella noche? Mil veces lo he pensado, pero francamente no lo sé. Pudo haber sido un segundo, cinco segundos (calculo que no más), pero los infinitos matices que esa fulgurante vivencia contenía quedaron grabados en mi alma.

* * *

Llevo también marcados en mis entrañas otros vislumbres experimentados en aquella noche que resultan más desconcertantes todavía, y que hacen referencia a la percepción del tiempo y del espacio. Sigamos balbuciendo. El hijo percibió un atisbo experimental de la unidad que coordina los instantes sucesivos que forman la cadena del tiempo, y ese vislumbre le hizo participar de alguna manera y algún grado de la intemporalidad del Eterno. Los filósofos definen el tiempo como el *movimiento de las cosas.* En aquella noche no hubo movimiento. El Padre era quietud, pero en sus profundidades llevaba un dinamismo tal que, como un universo en expansión, daba a luz a esta colosal fábrica de la creación. El tiempo ha sido consumado por la eternidad. Estamos, pues, navegando por encima de los períodos glaciares y edades geológicas, y participando de alguna manera de la eternidad del Padre. La muerte no significa nada; no es acabamiento, ningún final. No hay lugar para la angustia. Es una dicha incombustible.

Desaparece también el espacio. El Padre lo llena todo. Si lo llena todo, no existe el espacio. Las distancias fueron asumidas y absorbidas. El Padre es la inmensidad. Ahora bien, si el Padre *es* conmigo y yo *soy* con el Padre, también yo soy hijo de la inmensidad. Los soñados y lejanos países están al alcance de mi mano. Las galaxias más remotas son mi territorio. Aquella noche –es uno de los recuerdos más vivos–, percibí experimentalmente que el espacio desaparecía, y yo me sentía presente en aquellas estrellas en una unidad absoluta con toda la creación. Nada valen nuestros conceptos de diferencia, relatividad, distancia. El hombre es asumido y elevado a su máxima potencialidad, casi a las dimensiones infinitas, todo *en* El.

Todo esto, y mil otros atisbos, imposibles de descifrar, pueden parecer una demasía o una enajenación. Es obvio que todo lo dicho está, en cierta manera, contra los presupuestos generales de la an-

37

tropología. Pero la verdad es que así se vivió, eso se experimentó.

* * *

Aunque el *relámpago* durara muy poco tiempo, sus efectos, en su máxima intensidad, se prolongaron durante toda la noche y mucho más allá. Hubiera querido que la noche se eternizara y que nunca amaneciera. Obviamente era imposible conciliar el sueño, aunque lo hubiera intentado.

Amaneció y se inició el trabajo de la mañana. En ningún instante sentí sueño o cansancio. Llegó la misa solemne y la hora de la predicación. Y pensar que se trataba de hablar del amor del Señor después de aquella loca noche de amor... Pero tenía miedo, miedo de estallar en llanto. Les hablé fríamente de una historia: de cómo la Compañía de Jesús introdujo en la Iglesia y difundió por el mundo entero la devoción al Sagrado Corazón. Para la risa, ¿verdad? Qué desconcertante es nuestro Dios.

* * *

Con el paso de los años supe que la vivencia de aquella noche tiene un nombre propio: *gratuidad infusa extraordinaria,* que tiene las siguientes características: 1. Es *repentina.* 2. Es *desproporcionada* respecto de la preparación que el alma tenía (en realidad, no tenía ninguna preparación). 3. Es *infusa* o invasora. Me explico: se trata de una evidencia empírica de que *aquello* no viene *de dentro,* no es un producto emanado de misteriosas facultades psicológicas en combinaciones desconocidas, sino que –se percibe experimentalmente– viene *de fuera,* invadiendo, infundiéndose; es una experiencia infusa del amor de Dios. 4. Es *vivísima,* y generalmente se da una sola vez en la vida; pero es tan explosiva que sus efectos se prolongan a lo largo de la vida.

Posteriormente, en los Encuentros, Jornadas, y en general, en el trato personal con toda clase de gente, yo me encontré con numerosos casos de esta clase de experiencias infusas de idénticas características, aunque vividas por cada cual en grados y matices diferentes.

* * *

A partir de esa noche todo cambió, y para siempre. Fue un torbellino que alteró la brújula de mi historia en 180 grados. Cambió el interlocutor de mi oración personal, que, en adelante, sería el Padre o Dios-Amor. Hubo también una alteración notable en los hábitos de comunicación de la oración: más *pasividad,* menos palabras, mucha unción, un acoger y sentirse acogido, ejercicio permanente de abandono... Y, como consecuencia, más paciencia durante el día, mayor fortaleza, y, sobre todo, una paz, al parecer, inalterable.

En el trato con los hermanos brotó súbitamente en mis entrañas una inmensa compasión y misericordia. Perdonar no costaba. Mejor dicho, perdonar era un envolver al hermano frágil en un manto de benevolencia gratuita, acogiéndolo con la mirada del Padre. Todo resultaba tan fácil y hasta gratificante...

Unos años más tarde participé copiosamente en las misiones populares, cuyos temas fundamentales, según el estilo de aquel tiempo, eran el pecado, la muerte, el juicio, el infierno; se trataba de tener al pueblo paralizado de terror y apartado del pecado.

A partir de aquella noche, esos temas los encontraba inconcebibles y hasta detestables, pensando que se presentaban en nombre del Evangelio. No eran buenas nuevas, eran malas noticias. Aquella religión me parecía sombría y traumatizante, y predicar esos temas de terror me resultaba visceralmente insoportable. Recuerdo que, años más tarde, allá en los pueblos de Chile, con ocasión de las misiones populares, yo enfatizaba absolutamente el amor eterno del Padre con gran extrañeza de los compañeros de equipo; y todo el programa de la reforma de vida lo reducía a *responder al amor con amor*.

Transcurridos como quince años de aquella noche embriagadora, es decir, a mis 45 años aproximadamente (en aquel momento tenía 29 años) habría de iniciarse –permítaseme hablar así– mi obra fundamental: libros, Encuentros, Talleres de Oración y Vida, Jornadas masivas, audiocasetes, videos, actuaciones en canales de televisión.

Puedo afirmar que las líneas gruesas y vitales de esta obra compleja y múltiple emanaron de la experiencia de aquella noche venturosa, como, por ejemplo: el mensaje inagotable del amor eterno y gratuito del Padre; el abandono, como viga maestra de liberación interior y vivencia de la fe pura; ausencia de un dogmatismo rígido y moralista; liberación de obsesiones de culpa y otros complejos; principio absoluto de nuestro mensaje: "Esta es la voluntad de Dios: que sean felices"; primer mandamiento: dejarse amar por Dios, porque sólo los amados aman; apertura ecuménica; insistencia sobre valores como compasión, misericordia, solidaridad...

Este mosaico de colores, acentos y fuerzas de sustentación que constituyen la columna vertebral de nuestro mensaje y obra, deriva y deviene de aquella noche gloriosa en que las olas del amor me anegaron para siempre.

El paso del mar

Regresé al convento. Durante el viaje de retorno, en el autobús, todo continuó igual, salvo las lágrimas, que las resistía obstinadamente. De horizonte a horizonte mis valles estaban contagiados de un solo sentimiento: la gratitud.

Ni una sola vez, sin embargo, creo haber pronunciado la palabra "gracias". El agradecimiento era un sentimiento mudo, abismado, quebrado por la emoción que me inundaba como una marea, mientras el autobús avanzaba en medio de campos de trigo, un mar de trigales de oro, ¡qué espectáculo!

En ningún instante asomó a mi alma el sentimiento de desvalorización, como el de aquellos que suelen decir: "Yo no me merecía esto; ¿cómo, Dios mío, te has dignado otorgar semejante gracia a un miserable pecador?" Nada de eso. Simplemente, me sentía abatido, pasmado, casi aplastado por el peso infinito de su ternura, por ese horno incandescente de gratuidad, mi Padre, por sus ocurrencias, sus acantilados de oro, sus abismos de amor... mejor callar.

* * *

Llegué al convento. Tomé el control absoluto de mis emociones y nadie vislumbró nada especial. Me preguntaban con naturalidad; respondía con naturalidad. Como de costumbre, a nadie abrí las puertas de mi intimidad, una intimidad donde acababan de estallar prodigios de gracia. Como siempre, nadie supo nada; todo quedó guardado celosamente en mis archivos secretos. Sólo me desahogaba en el órgano con mis acostumbradas improvisaciones en las que vertía modulaciones impresionistas que evocaban de alguna manera aquellos momentos inefables.

Pasaban los días, y yo seguía todavía envuelto por aquella inundación. Sabía que aquel estado emocional tarde o temprano iba a desaparecer. Mientras tanto, no quería desaprovechar la oportunidad y quería succionar ávidamente hasta la última gota de

41

aquel mar de ternura. Así, pues, en mi solitario cuarto conventual, dejaba de lado otras preocupaciones, y pasaba una buena parte del día y de la noche entregado a la santa embriaguez, porque sabía que *aquello* pasa y no se repite.

Efectivamente, a medida que fueron pasando los meses, el estado emocional fue menguando hasta descender a los niveles normales. Pero el paso de aquel huracán de amor por mi territorio había dejado en mi alma rastros imborrables que permanecen vigentes hasta este momento, y, sin duda, hasta el fin de mis días.

* * *

Pasaron seis o siete meses. Mi modo de orar había cambiado sustancialmente; había cambiado también mi modo de ver y sentir el mundo, las personas, los acontecimientos. Pero en los meses siguientes fui entrando paulatinamente en un estado interior de apremio y urgencia. ¿De qué se trataba?

Yo sentía que ahora sí tenía novedades que comunicar al mundo. Ahora podía hablar con la autoridad de quien "ha visto y oído". Pero… ahí estaba amarrado al teclado del órgano que me impedía salir al ancho mundo. Acudía a los Superiores; les manifestaba mis ansias de ser misionero del Señor. Siempre me respondían que no tenían sustituto, que tal vez algún día… A estas alturas comenzó a dominarme una tristeza de muerte sólo de pensar que tendría que pasarme la vida entera sobre el teclado de un órgano.

Por esa época yo tenía, entre los hermanos, fama de ser un buen organista; y no lo era de ninguna manera. Nunca fui capaz de tocar correctamente una gran fuga de Bach o la tocata de Widor. Pero engañaba a la gente (les gustaba mi manera de tocar), sobre todo con mis improvisaciones, que deslumbraban hasta a los entendidos. En cierta ocasión, en San Sebastián, después de una de aquellas mis actuaciones, alguien se presentó en la portería del convento preguntando, admirado, quién era ese organista y dónde había estudiado. Se trataba nada menos que del organista titular de la catedral de Notre Dame de París. Pero yo no había estudiado en ninguna parte, y no era un organista profesional. Como en las demás cosas de la vida, también en el órgano ponía pasión y poesía, y eso cautivaba a los hermanos, que no querían desprenderse de mí.

* * *

Pero, de tanto acudir a los Superiores, poco menos que con lágrimas en los ojos, suplicándoles que me concedieran la gracia de ser misionero, un buen día, compadecidos, me respondieron que tuviera paciencia porque un día no lejano iba a conseguir lo que tanto anhelaba; y que, entre tanto, fuera pensando en el país al que me gustaría trasladarme.

Con mucha ilusión fui buscando información sobre las características de cada uno de los países donde actuaban nuestros misioneros. Y opté por Chile, donde se desarrollaba una amplia actividad misionera en los medios rurales, y había muchas posibilidades de dedicarse a la predicación, por el talante de sus gentes, y también por las montañas nevadas que me fascinaban.

Un venturoso día, los Superiores depositaron en mis manos el documento oficial por el que yo quedaba incardinado a la Provincia Capuchina de Chile, que, desde entonces, fue y continúa siendo mi familia. Se celebró en mi alma un festival de danza y canto para festejar tan anhelado acontecimiento.

El día 16 de agosto de 1959 me embarqué en Barcelona en una grande y vieja nave (el *Compte Grande*), y el 1 de septiembre pisé por primera vez y con ilusión el puerto de Buenos Aires. Después de convivir por dos semanas con los hermanos de Argentina, y atravesar los Andes, llegué finalmente a Chile, como quien ha alcanzado la tierra prometida, el 18 de septiembre de 1959. Y aquí comienza la etapa más decisiva de mi vida.

Los sueños no fueron sueños sino realidades sólidas como piedras. Las escalonadas cumbres de los Andes semejaban testas coronadas de nieve. ¡Un espectáculo! La primavera despuntaba tímidamente por todas partes. Los aromos, los primeros en florecer, ya declinaban en su esplendor.

Sin concederme tiempo de descanso ni supeditarme a un proceso de adaptación, a los pocos días de mi arribo a Chile estaba ya lanzado de cabeza en la corriente de la vida apostólica. Las oportunidades eran copiosísimas e insistentes las solicitudes de los párrocos.

Eran otros tiempos. En el contexto eclesial de la época –todavía no se había realizado el Concilio– la predicación era muy apreciada, y quienes nos dedicábamos al servicio de la Palabra no dábamos abasto a tantas solicitudes.

* * *

Las misiones populares eran muy peculiares: se realizaban en las haciendas o *fundos.* Naturalmente, eran los patronos de las haciendas los que invitaban a los padres misioneros, y eran también ellos los que convocaban a los campesinos y sus familias que faenaban en sus campos a asistir a los actos misionales. Hoy, algo así sería inconcebible, pero en aquel tiempo era lo más normal

En todo caso, yo me sentía muy bien en aquel ambiente, donde todos los participantes en la misión eran campesinos pobres. No les faltaba nada de lo indispensable, es verdad, pero carecían absolutamente del más mínimo medio de autodeterminación: no disponían de propiedad alguna, sea de terreno o domicilio. No podían mover un dedo porque estaban totalmente subordinados al patrón; su libertad era una ficción o mejor, un disfraz.

Al ver aquella congregación de asalariados, las olas de la emoción me subían a la garganta. En esos momentos evocaba la silueta de Jesús dirigiéndose a aquellos auditorios de pescadores y campesinos declarándolos favoritos del Padre y privilegiados del Reino. Instalándome también yo en el corazón del Maestro, y hablándoles desde esa plataforma, les reiteraba de mil formas y maneras que los desvelos más esmerados del Padre eran para ellos; que de noche el Padre queda velando su sueño y de día los acompaña a dondequiera que vayan; que el Padre no es un Dios vestido de relámpagos, sino un vasto mar de ternura.

Consciente y obstinadamente me alejaba de los temas de terror de las misiones populares, con gran extrañeza de mi compañero misionero. Siempre entrelazaba las bienaventuranzas con la ternura del Padre, y no me cansaba de proclamar y repetirles que Dios mismo sería su fiesta; que nadie podría arrebatarles la suprema riqueza del corazón, que es la paz; que el Padre los tomará sobre sus rodillas, y una por una secará todas sus lágrimas; que el Padre les espera en su casa con una mesa preparada y adornada con flores, y que aquel día los reconocerá, les dará la mano, les hará sentar a la mesa y comenzará la fiesta, una fiesta que no tendrá fin, y que por fin van a saber dónde está el secreto de la perfecta alegría.

Y así seguía hablándoles interminablemente del Amor eterno, y no me cansaba de sembrar sueños y estrellas en el alma de todos aquellos pobres campesinos que, semana tras semana, asistían a los actos de misión, frecuentemente con lágrimas en los ojos.

*   *   *

Era el año 1961. La Arquidiócesis de Santiago decidió organizar y llevar a cabo una Gran Misión en todo el ámbito de la ciudad. El Arzobispo convocó a un número reducido de sacerdotes, con experiencia en la pastoral o en el apostolado de la palabra, con el fin de integrar un equipo coordinador. A este equipo confió el Arzobispo la responsabilidad de planificar la Misión, elaborando un amplio programa para organizar y realizar la Gran Misión.

Uno de los convocados era yo. En este período de preparación surgió entre los integrantes del equipo una hermosa amistad, tanto que más que equipo constituíamos una fraternidad. Por la misma dinámica de la organización y la distribución de responsabilidades, a mí me correspondió moverme sin cesar, viajar mucho y actuar intensamente con Monseñor Enrique Alvear, con el que me unió una formidable amistad.

Muy pronto, Enrique fue consagrado Obispo. Fue uno de los Obispos más evangélicos que he conocido en mi vida, desinteresado, fervoroso, transparente, comprometido valientemente, casi temerariamente, en la liberación de los oprimidos. Pero no era para este mundo; el Señor se lo llevó prematuramente. En su agonía, estuvo acompañado y asistido por un sacerdote amigo a quien Enrique se dirigió con estas palabras: "Esto (el morir) tiene sentido". Expresión cargada de belleza. Fueron sus últimas palabras.

A lo largo de los años he conocido también a otros tres Obispos del mismo talante: Leónidas

Proaño (Riobamba, Ecuador), con quien no tuve oportunidad ni tiempo de trabar amistad, y otros dos de México y Estados Unidos, con los que me une una gran amistad. Verdaderos testigos de la Resurrección, estos hombres siempre llevarán marcadas las señales de Cristo Jesús: humildes, hombres de oración, amigos y defensores de los pobres. Puede haber en la Iglesia una masa de mediocres, pero unos pocos de estos hombres de Dios confieren garantía y credibilidad a la Iglesia.

Alteración atmosférica

Eran los años conciliares. ¿Cómo describirlos? Ciertamente había agitación en el ambiente: soplaban aires nuevos, aunque, a veces, acompañados de turbulencias. Síntomas de una nueva primavera asomaban por doquier, y un sano desasosiego recorría, como sangre nueva, los tejidos internos de las instituciones eclesiales.

Tiempos propicios para los inquietos y soñadores. Yo era uno de ellos. Un inmenso estremecimiento de ilusión y esperanza, no exenta de temor a lo desconocido, palpitaba en el seno de la Iglesia universal.

Se diría que se aproximaba una nueva era, y, como en toda renovación, no podía dejar de producirse una sacudida de ruina y restauración. Ambiente ideal tanto para los pusilánimes como para los audaces: los atenazados por el miedo a la libertad y el pavor hacia lo desconocido, por un lado, y, por otro, los seducidos por horizontes nuevos y cumbres arriesgadas. Conservadores y renovadores. Unos que quieren detener a toda costa el carro de la historia y otros que lo arrastran impulsivamente hacia adelante.

* * *

Mirando aquel estallido primaveral desde el otoño en que hoy me encuentro, siento, aun ahora, una gran emoción no exenta de nostalgia. Yo fui uno de los que intentaban arrastrar impetuosamente el carro hacia adelante.

Promoví y apoyé resueltamente la erección de una *fraternidad de presencia;* es decir, un pequeño grupo de hermanos (capuchinos) instalados en una zona suburbana, trabajando como obreros en una fábrica o en la construcción. Habían renacido dentro de mí los antiguos sueños de apostolado obrero; y, aunque yo, personalmente, no lo podía ejercer, animaba y visitaba frecuentemente a los hermanos, apoyándolos y defendiéndolos frente a los que se oponían al proyecto, porque nunca faltan quienes califican cualquier innovación de herejía o contestación.

Por ese mismo tiempo participé activamente en la *toma* de la Catedral de Santiago, acompañando al grupo que, por ese entonces, se llamaba *Iglesia Joven;* ellos opinaban que la marcha de la renovación eclesial era demasiado lenta, y exigían que la Iglesia tomara una más alta velocidad; y, con ese fin, pretendían dar un fuerte impulso en esa dirección con acciones espectaculares.

Unos años más tarde participé también en un encuentro del grupo denominado *Sacerdotes para el Tercer Mundo,* en Argentina. Eramos 130 sacerdotes y dos Obispos. Era una época turbulenta y contestataria. Pero yo vibraba en ese ambiente. Me parecía que ésa era la única manera de que la barca de Pedro pudiera recibir un fuerte golpe de timón para emprender el rumbo correcto.

Yo estaba decididamente embarcado en esos ideales, y a mi estilo, es decir, apasionadamente; y me parecía que mi vida tenía que orientarse definitivamente en esa dirección. Pero, a la vuelta de la esquina, el Padre desconcertante me estaba esperando en el camino para señalarme otras rutas completamente inesperadas.

Todo comienza

Así las cosas, un buen día, en el sexto año de mi permanencia en Chile, vino a hablar conmigo un franciscano belga, que por esa época ostentaba el cargo de coordinador general de los hermanos franciscanos en este país. Me hizo una amplia exposición de un gran proyecto.

Me decía: "el Concilio se ha clausurado; pero nos ha dejado un inmenso cúmulo de compromisos, urgencias y desafíos. Estos desafíos, es verdad, están dirigidos a toda la Iglesia en general; pero específicamente a nosotros, los religiosos, nos ha encargado una tarea que, al mismo tiempo, es un reto inapelable: zambullirnos en las aguas puras de la inspiración original, retomar conciencia de la novedad de aquella inspiración mediante una pronta y acuciosa reflexión, y retornar a los tiempos presentes para adaptar aquella originalidad a las cambiantes condiciones de los tiempos".

Continuó diciéndome: "hay una uniformidad letal para todos los institutos religiosos: la observancia regular. Pero, ¿dónde está aquella originalidad, aquella manera singular de interpretar y vivir el Evangelio que tuvo cada fundador? ¿En qué se distingue un franciscano de un carmelita si no es por elementos folklóricos, como el color y la costura del hábito? Y si en la Iglesia algún fundador ha tenido una originalidad única en su radicalismo evangélico, en su vida personal y en la concepción de una obra peculiar, fue y es Francisco de Asís. Tenemos una obligación, más grave que nadie, de regresar a las fuentes y reflexionar detenidamente".

Y acabó colocando en mis manos una brasa ardiente: que yo me responsabilizara de organizar y conducir una gran semana de convivencia y reflexión para todos los responsables provinciales y locales de la familia franciscana de Chile, haciendo extensiva la invitación a otros países. Era una puerta abierta por el Padre, y entré resueltamente. No fue fácil dar cima al proyecto. Primeramente tuve que constituir un equipo. Tuvimos que elaborar un temario, confeccionar un organigrama, buscar conferencistas, y todo ello no sin grandes dificultades.

* * *

Y así, en septiembre de 1965 se celebró en Santiago la primera Semana de Convivencia Franciscana, con 54 participantes provenientes de toda América Latina. Era la primera vez que se realizaba un encuentro de estas características. Posteriormente se multiplicaron profusamente en todas partes. Fue una semana hermosa. Todas las expectativas fueron superadas: exposiciones doctrinales de calidad, profunda reflexión comunitaria, convivencia cálida y transparente. Se repitió una y otra vez que fue un "verdadero Pentecostés".

Pero faltaba lo más importante. Y, ahora ¿que hacemos? ¿Qué conseguimos con encender una gran llamarada si no continuamos alimentándola? Lo que rápidamente se enciende, pronto se apaga. ¿Qué hacer para que esta llamarada no se extinga?

Después de largas horas de intercambio de impresiones, los responsables provinciales allí presentes decidieron, con el peso de su autoridad, crear un organismo permanente que se dedicara a tiempo pleno a la reflexión, animación y difusión de la espiritualidad franciscana. El organismo se llamaría CEFEPAL (Centro de Estudios Franciscanos y Pastorales para América Latina). Tres hermanos integrarían el Centro, dos franciscanos y un capuchino, quienes residirían, no en un convento, sino en una residencia particular integrando una fraternidad.

Tres meses después ya estábamos instalados en nuestro nuevo domicilio. A estas alturas de mi vida, estoy en condiciones de afirmar que, a nivel humano, este paso fue el más trascendental de mi vida, como se verá.

* * *

Y partimos. Todo era nuevo. Había que abrir canales, trazar rutas, avizorar nuevas metas. No lo podríamos hacer sin imaginación y audacia. En los primeros meses dimos rienda suelta a la creatividad, lanzándonos de cabeza en un torbellino de iniciativas tanto por escrito como de palabra.

Muy pronto proyectamos una serie de Semanas de Convivencia Franciscana a lo largo de esta larga y angosta geografía chilena. Estos proyectos fueron organizados detalladamente por nosotros mismos, desde nuestro Centro, y ejecutados en cada lugar con el mayor esmero y competencia que nos fue posible, dando por resultado un despertar, tomar conciencia y valorar nuestra común herencia franciscana por parte de todos los hermanos.

Más tarde se organizaron también esta misma clase de encuentros con la familia franciscana femenina; por el momento, separadamente, hermanos y hermanas. Años después se organizarían conjuntamente para unos y otras, prevaleciendo, naturalmente, las hermanas. Como resultado de esta prolongada *evangelización* fue suscitándose con el paso de los años, un gran entusiasmo entre los integrantes de toda la Familia Franciscana, que no se redujo sólo a emociones o palabras, sino que fue concretizándose en proyectos precisos, primeramente al interior de las comunidades, y en segundo lugar en la proyección apostólica de los hermanos. Una verdadera renovación.

Informados los hermanos de otros países de América Latina de los resultados de nuestro trabajo de animación, comenzaron a llamarnos insistentemente, invitándonos a realizar el mismo trabajo en aquellos países. Y así se hizo. La expansión de nuestra misión fue de tal manera rápida y amplia que, en diversos países, fueron creándose centros similares al nuestro, aunque no con la misma estructura.

Crisis

Aquí me estaba esperando el Padre imprevisible. Mientras el equipo realizaba semejante despliegue de actividades, en mi vida personal se iban desarrollando los hechos fundamentales de mi historia. Es un universo complejo, difícil, casi imposible de discernir analíticamente, un mundo misterioso que abarca unos seis años, de donde, como consecuencia, ha dimanado toda mi obra posterior.

Comencemos por establecer una ley constante.

A lo largo de mis años he venido observando en el gran teatro de la vida, un fenómeno que, a primera vista, parecería crueldad. Pero enseguida vamos a comprobar que lo que en la superficie tiene visos de crueldad, en sus entrañas más profundas no es sino predilección.

En efecto, mirando atentamente a mi alrededor, nunca he visto que un ser humano nadando en riqueza, salud o prestigio, haya dado el salto mortal en el mar de Dios, se haya convertido. Ningún caso. No sé de qué se trata, pero está a la vista que el bienestar encierra al hombre en sí mismo, lo sujeta a la argolla del egoísmo, según aquel instinto primario que se convierte en una de las leyes universales del corazón: buscar lo agradable y desechar lo desagra-

53

dable. Con el bienestar el hombre lo tiene todo; no necesita de nada.

Al contrario: las transformaciones vitales, las conversiones rotundas que he observado en mi vida se efectuaron a partir de los golpes y desgracias. Cuando el hombre es visitado por la tribulación, y sobre su honra cae el estigma de la deshonra, cuando la enfermedad lo acorrala contra las puertas de la muerte, cuando un fracaso financiero o profesional le obliga a arrastrarse por los suelos con las alas rotas, y va rodando de barranco en barranco entre los silbidos de los enemigos y la mofa de los traidores, hasta, finalmente, caer en lo profundo del precipicio... llegó la hora.

Desplumado e impotente, el hombre se torna en una materia prima apta y maleable en las manos de Dios. Ahora que todas las seguridades fallaron y los pilares de sustentación se hicieron polvo, la única seguridad que el hombre puede vislumbrar a su derredor es Dios.

La conversión, sin embargo, no suele ser tan inmediata. En las condiciones descritas, el hombre queda envuelto en una polvareda emocional de vergüenza, impotencia y quizá de cólera. Dios, en su pedagogía, lo deja por un tiempo librado a su suerte y permite que muerda el polvo del desastre y experimente la nada.

Pasa el tiempo. El hombre mide la altura de su contingencia y la anchura de su precariedad; Dios se le comienza a hacer presente con un destello casi imperceptible. Más tarde le extiende abiertamente la mano. El hombre se agarra a su diestra, y lentamente, vacilante, cubierto de polvo todavía, emprende la ascensión hacia Dios.

Podemos afirmar, pues, que los descalabros de la vida pueden ser, y con frecuencia son, manifestaciones de predilección divina, y su única pedagogía, para las grandes transformaciones en el camino del espíritu.

* * *

Algo de esto sucedió en mi propia vida. El Instituto (CEFEPAL) iba marchando viento en popa, quizá demasiado rápido, incluso con ciertos ribetes de vértigo. Hasta el momento no habían aparecido piedras en el camino. Pero no es éste el estilo del Padre. Avanzando por una ruta de palmas y laureles, sin ninguna contradicción, podemos convertirnos rápidamente en prisioneros de nosotros mismos. Por algún lado tenían que aparecer los tropiezos y las curvas en el camino, que me harían transitar durante largos meses por un sendero en llamas.

El Instituto había sido erigido oficialmente por los responsables de las siete provincias del país, y entre ellos el de mi propia provincia. Pero a los pocos meses hubo cambio de autoridades precisamente en mi provincia. Y mis problemas comenzaron con el nuevo Superior Provincial que no disimulaba su desinterés y aun desafección por el Instituto. Para entender bien lo que sucedió hay que tener en consideración el modo peculiar de ser de este religioso (ya en la gloria del Padre): indiscreto, aunque bien intencionado, más bien conflictivo y muy tradicionalista.

Su agresividad tenía como destinatario al Instituto y su equipo, y en particular a mí. En sus constantes visitas a las casas de la Provincia nos calificaba una y otra vez como contestatarios, que no buscábamos otra cosa que libertad e independencia; que jurídicamente estábamos en contra de las Constituciones de la Orden, ya que nos negábamos a vivir en los conventos, y nos despojábamos del hábito para llevar una vida mundana, y otras lindezas.

Pues, este buen hermano, en una visita al monasterio contemplativo donde yo había actuado durante varios años, les respondió literalmente a las hermanas que preguntaban por mí: "Oh, el Padre Ignacio... Pues se quitó el hábito y se fue por ahí", lo cual era una verdad a medias. Ya se puede imaginar qué habrían pensado aquellas hermanitas.

Cuando los responsables provinciales se reunían periódicamente no dejaba de echarles en cara que hubieran cometido el error jurídico de aprobar una fundación integrada por franciscanos y capuchinos, afirmando que, en lugar de renovación, el Instituto iba a fomentar la relajación, y que él y la mayoría de los hermanos de ninguna manera se identificaban con los objetivos del Instituto.

Pero, no conformándose con esto, elevó una queja oficial a la instancia más alta de la Orden, el Definitorio General, insistiendo en la irregularidad jurídica de la fundación. Interiorizados del asunto tanto los integrantes del Definitorio General Capuchino como el Franciscano se encogieron de hombros, y dijeron: esperemos y veamos qué pasa.

* * *

El hecho es que, al año y medio de la fundación de CEFEPAL, el desprestigio había hecho mella y había proyectado una sombra de sospecha sobre el Instituto y su trabajo. Los mismos Superiores de Chile no se sentían tan seguros, y ya no manifestaban aquel entusiasmo de los primeros tiempos, ni nos apoyaban tan decididamente. Nuestro trabajo ya no era acogido por los hermanos con la alegría de los comienzos. Una sombra de duda envolvía al Instituto.

Si bien esta situación nos desconcertó a todos, el impacto más demoledor me correspondió a mí por razones obvias.

* * *

Desde tiempo atrás, yo había aceptado el compromiso de dirigir semanas de renovación en uno de los países latinoamericanos. Llegada la fecha convenida, allá me presenté, a pesar de estar herido. No percibí entre los hermanos entusiasmo alguno; más bien frialdad. El número de los asistentes era exiguo, y flotaba en el aire una sensación de aprensión ambiental. En el transcurso de la semana, un hermano me confió con el rostro afligido que, un mes atrás, había pasado por allí el susodicho Superior Provincial, haciendo la misma labor sistemática de descrédito del Instituto y sus integrantes. Se me fue el alma a los pies.

Entre paréntesis, ¡cosas de la vida!, años más tarde, cuando yo desplegaba mi actividad evangelizadora a través de los Encuentros de Experiencia de Dios y Jornadas Evangelizadoras, y salían a luz mis libros uno tras otro, el citado hermano fue mi mayor panegirista, el más entusiasta de mis seguidores. Me animó y me amó hasta su muerte, señal evidente de que aquella persecución no era malintencionada, sino pedagogía del Padre. Cerrado paréntesis.

Volví a la casa deshecho, hundido en el pozo de la amargura. Ahora sí, la crisis tocaba fondo. Las circunstancias me habían puesto fuera de combate, casi con ganas de invocar la muerte. Una tristeza húmeda se adhirió a mis paredes como una hiedra venenosa. "Ser o no ser", ¡he ahí el problema! ¿Qué es preferible: recibir sablazos y flechas envenenadas sin ofrecer resistencia o contraatacar con hierro y fuego hasta desmochar torres y aniquilar al opresor? ¡Destruir o ser destruido! ¿Qué es preferible: vegetar dentro de una estructura artificial de muros carcomidos o saltar de una vez al torbellino de la vida al grito de "ahí queda eso"?

Ese fue el fondo del problema: crisis de vida, crisis de vocación: quedarme o marcharme. Y todo ello en medio de una polvareda atroz de confusión; y, como de costumbre, y para mi desgracia, sin abrir a nadie las puertas de mi desventura, solitariamente. Vegetar en una existencia sin belleza ni alegría, ¿qué sentido tiene? Sería como arrastrar por el páramo la sombra de mi sombra.

* * *

Pasé varias semanas en este estado de ánimo. Un día, tomé el auto, salí de la ciudad y me interné en la precordillera. Habría de ser el primer *desierto*. No tenía ningún propósito definido. Simplemente, trataba de huir. ¿De qué? ¿De quién? ¿De mí mismo? ¿Qué quería: dormir, evadirme de todo? ¿Fuga final? No lo sabía.

Dejé el auto en un lugar seguro, y me interné en las primeras estribaciones de la cordillera. Fueron tres o cuatro horas, al cabo de las cuales percibí algún destello imperceptible de consuelo divino. No podía seguir así. ¿Qué hacer? ¿Contraatacar a los que atacaban o entregarme? Pero entregarse ¿a quién? ¿Qué podía significar entregarse a los que me golpeaban? No tenía sentido. ¿Habría una alternativa para salir de este círculo de muerte? ¿Y si me entregara ciegamente en Sus Manos? ¿No sería ésta la solución?

Al vislumbrar esta solución, un mínimo repunte de paz asomó a mi alma: poca cosa era, pero para mí, en este momento, era mucho. Regresé a casa con ánimo de repetir la experiencia.

* * *

A los pocos días, tomé de nuevo el auto y me desplacé al mismo lugar cordillerano. Permanecí allí seis horas. Me dediqué fundamentalmente a una actividad reflexiva sobre el único punto que, en ese momento, más me preocupaba, a saber: qué significa entregarse y qué actitudes prácticas involucra; porque intuía que sólo por ese sendero volvería la paz, como vuelven las aves vespertinas para dormir en sus nidos.

Comprendí que, ante todo, yo necesitaba hacer un acto de fe. Tenía que atravesar el bosque de las apariencias, despegar mis ojos de las causas empíricas, olvidarme de las estructuras psíquicas, y, después, tomar un teleobjetivo para mirar por encima de los fenómenos naturales y, detrás de todo lo que se ve, descubrir al que no se ve: el Padre. O sea, tendría que haber ante todo un homenaje de fe.

No es la fatalidad ciega la que, como un negro corcel, impone y determina cuanto sucede a nuestro lado, ni somos hojas de otoño a merced de las reacciones psicológicas o de los condicionamientos genéticos. No.

El Padre, auriga que gobierna y mueve con hilos invisibles las leyes y fuerzas de la creación, permitió que las centellas de rumores y falacias cayeran sobre mí. No fue castigo, sino predilección. En el enorme planisferio de su mente que abarca el hoy, el ayer y el mañana, el Padre tenía diseñada para mí una pedagogía que me conduciría, por una senda de espinos y piedras, al reino de la sabiduría y la libertad. El no puede permitir un daño irreparable para su hijo.

En suma, entregarse implicaba poner en Sus Manos un cheque en blanco, un voto de confianza, y proclamar a los cuatro vientos: ¡Todo está bien! ¡Fue lo mejor!

* * *

Pero no era suficiente. A pesar de estas evidencias, mi mundo emocional seguía destrozado a zarpazos, y las claridades mentales no me aportaban ningún

alivio. Tenía que abordar, al menos en el campo ana-
lítico, ese universo cicatrizado a dentelladas, situación dolorosa que alcanzaba calados muy hondos. A
estas alturas yo no sabía nada del Abandono.

A pesar de todas las claridades teóricas, la verdad es que cuando me venían a la mente los recuerdo dolorosos, no podía evitar un estallido interior de
indignación. ¿Cómo apagar ese fuego? Los hechos
ya estaban consumados y, en ese momento, nadie
podía hacer nada para que aquello que sucedió no
hubiera sucedido. Por otra parte, ya había renuncia-
do al contraataque, a devolver mal por mal. Había
visto teóricamente que la solución estaba en entregarse. Pero, hablando vitalmente, ¿qué había que
hacer para entregarse?

Comencé a intuir que el problema pudiera ser
la mente. Estaba dándome cuenta de que, cuando
mi mente comenzaba a recordar algunas de aquellas
escenas de persecución, mi corazón se encendía en
cólera.

* * *

Tomé conciencia de que siempre que mi mente daba
vueltas y revivía aquellas persecuciones se mantenía
vivo y alto el fuego de la irritación, que, a su vez, se
convertía en rencor, que, al final, sólo a mí me quemaba.

Al parecer, pues, la solución consistía en reducir mi mente a silencio. Tendría que haber un homenaje de silencio. Simbólicamente hablando, tendría
que reclinar la cabeza en Sus Manos con la mente
callada y el corazón apagado.

Necesitaba llevar el problema al terreno emocional porque estaba manejando un material emocional de alta sensibilidad. Tendría que aniquilar los
brotes de la rebeldía y del orgullo; pero, ¿cómo?
Transformar el dolor en amor, pero ¿de qué manera?

Al parecer, la solución estaba en entrelazar las manos de la fe y el amor.

* * *

Mi Padre, que es un vasto océano de amor, y que ya me lo había dado a probar, ¡y de qué manera!, todo lo que permite en mi vida será para mi bien, porque me ama. De manera que cualquier eventualidad, drama o desenlace que me ocurra no puede ser una desgracia, sino una muestra de cariño; y si hoy no lo veo así es porque estoy metido en una turbulencia, pero un día lo veré.

Así, pues, si el Padre permitió aquella crueldad, ¡está bien! Si permitió que la persecución se enroscara a mi cintura, ¡está bien! Si permitió que el rumor enlodara mi nombre, ¡está bien!

¡Oh maravilla! Comencé a darme cuenta de que al decir con toda mi alma: ¡está bien!, en el acto se apagaba la indignación. Más aún, también me percaté de que, en el mismo acto, quedaba borrado de mi mente el recuerdo amargo. Fue un descubrimiento, un *eureka*.

Con el tiempo comprobé que esta fórmula tan simple ("está bien") era exactamente equivalente a la fórmula bíblica de los Pobres de Dios: *Hágase*.

Al cabo de las seis horas sentía la alegría de haber descubierto un camino de liberación. Ahora lo importante era recorrerlo asiduamente y con firmeza. Regresé a la casa con el propósito de recorrer decididamente este camino de liberación en la próxima salida.

Terapia intensiva

Pasaron varios días sin que pudiera ausentarme a la Cordillera, a causa de los compromisos en el Instituto. En la semana siguiente tomé de nuevo el auto, y salí, con un bolso con fruta y una botella de agua, dispuesto a pasar el día entero, y resuelto a vivir la gran jornada de liberación.

Llegué al lugar habitual, pero como se trataba de un día especial, me pareció que también el lugar debía serlo; así seguí avanzando por la carretera zigzagueante que conduce a Farellones, primera estación de esquí y deportes de invierno de Chile. Pronto divisé una pequeña arboleda a unos 100 metros de la carretera; allá me dirigí y allá me instalé para todo el día.

No fue un día fácil. Se trataba de sanar las heridas, y por primera vez supe experimentalmente que las heridas no se sanan de una vez para siempre, que la palabra *total* es la palabra más falaz del Diccionario, que no existe nada total, no existe una conversión total, una sanación total; todo es un proceso lento, evolutivo, y con muchos retrocesos. Por primera vez experimenté este carácter evolutivo y zigzagueante de todo proceso de elevación o superación.

Consciente de tener que manejar una materia emocional, intenté colocarme de entrada en un estado interior emocional. Traté de revivir serenamente la noche de Gallipienzo. Como era de esperar, aquella marea ya se había retirado. Sin embargo, no me resultó difícil despertar sentimientos vivos de gratitud y admiración.

Traté de internarme en el mar de aquella noche. No era lo mismo, pero sí evocación y una aproximación. Por largos momentos invoqué con ternura al Padre, lo aclamé como maravilloso Papá, le solté un chorro de expresiones de admiración, alabanza, agradecimiento. Y, por sobre todo, la actitud fundamental de mi alma en aquella mañana fue la invocación: lo invoqué de mil formas y maneras: como Papá, como Mamá, como ternura, como dulzura...

* * *

Lograda aquella atmósfera interior emocional, paso a paso, y no sin cierta aprensión, comencé a recordar los pasajes más dolientes, uno por uno, las expresiones más hirientes de aquella aciaga temporada.

Hacía una recordación vívida de cada lance, y decía al Padre repetidamente: "Está bien, Padre, lo que quieras". De nuevo hacía vivamente presente otro disparo de ballesta que me había herido de modo especial, y de nuevo decía: "Está bien, Padre, estamos de acuerdo", repitiendo la expresión varias veces. Y así fui llevando a cabo el mismo procedimiento con las demás heridas aún sangrantes, como terapia intensiva.

Pude hacer varias constataciones dignas de notarse:

Cada acto, aunque realizado de la misma manera, no producía los mismos efectos. De pronto, un "está bien" causaba un efecto instantáneo: se apagaba el fuego. Otro "está bien" referido a otro lance desagradable no originaba efectos tan inmediatos, sino que el corazón se mantenía rebelde, si bien menos.

Y así pude advertir que la sanación no era uniforme, como si se tratara de un proceso automático o mecánico, sino que el corazón reaccionaba de diferente manera a diferentes estímulos. Esto normalmente. Otra cosa es cuando hay de por medio una gracia infusa especial, en cuyo caso el efecto es inmediato y definitivo.

* * *

Otra observación. Me di cuenta de que, por ejemplo, un recuerdo muy doliente aceptado por la mañana con un "está bien" dejaba al corazón instantáneamente en paz. Sin embargo, ese mismo recuerdo evocado por la tarde hacía que el corazón reaccionara de nuevo con irritación, aunque menos, cuando yo creía que la herida estaba ya definitivamente sanada.

63

Y esto lo observé en varios casos, confirmándome en lo que dije más arriba: que las heridas profundas necesitan muchas curaciones, que nadie se sana de una vez por todas, salvo en el caso de gracias infusas, y que normalmente la sanación completa llega después de muchas sesiones curativas.

En todo caso, en el regreso a casa sentía una paz gratificante, un verdadero bálsamo, como no lo había experimentado hacía muchísimo tiempo. Al recordar los tiempos amargos recién pasados ya no me afectaba tanto, ya no me encendía el fuego en el corazón. Todavía dolían algo las heridas, pero ya sin manar sangre.

Verdaderamente había sido un día de liberación.

*   *   *

A partir de las tres retiradas a la soledad de la Cordillera, tomé la decisión de continuar retirándome frecuentemente. Y así sucedería año tras año, normalmente un día completo por semana, siempre que las circunstancias me lo permitían. En caso contrario, tenía que conformarme con una mañana o una tarde por semana. Años más tarde, a estos retiros los llamaríamos *desiertos;* y así los llamaremos en adelante en este escrito.

Con este ritmo transcurrieron los dos primeros meses con *desierto* semanal. Para abreviar, diré que en los *desiertos* de las primeras semanas llevé adelante, hasta las últimas consecuencias, la tarea de una completa purificación: cicatricé las heridas con una terapia reiterativa, muriendo sistemáticamente en el amor a todas las fuerzas autodestructivas, y acallando, también en el amor, las rebeldías y rencores... dando cima, de esta manera, al proceso de sanación y llegando a conquistar una paz definitiva y, al parecer, irreversible.

Años más tarde, yo habría de sistematizar esta experiencia, ampliando, eso sí, los horizontes, completando perspectivas, trazando una pedagogía concreta y práctica, y denominándola con una palabra un tanto ambigua: *abandono*. Y el abandono habría de constituir una de las vigas maestras de nuestro mensaje y obra, y llegaría a ser uno de los instrumentos más eficaces de liberación para millares de personas.

Simplemente El

Llegó el verano. Habían transcurrido dos meses desde que comencé con los *desiertos*. Anhelaba, sin embargo, sentía la necesidad de un trago más fuerte, de una experiencia de grueso calibre, como, por ejemplo, pasar una semana en las profundidades de la Cordillera. Un buen día tomé el auto, y salí de la casa a la aventura de explorar y buscar algún lugar adecuado en algún lugar de la Cordillera profunda. Y lo encontré.

A los tres días, en el mes de enero (verano austral) salí de casa suficientemente pertrechado de agua y alimentos. El lugar hallado estaba a varias horas de distancia. Avancé resueltamente por el Cajón del Maipo, una larguísima quebrada recorrida por el río del mismo nombre. Al final del Cajón, el camino se bifurca; tomé el flanco izquierdo en dirección del Embalse del Yeso, situado en la alta cordillera, y que abastece de agua a la Capital en el verano. Desde el lugar de la bifurcación, el camino no estaba pavimentado. Seguí, no obstante, subiendo por la ruta tortuosa y polvorienta hasta llegar al lugar escogido de antemano.

Era una casita semejante a una cabaña, absolutamente solitaria, habitada en los meses de verano por una familia constituida por el matrimonio y cinco hijos, pequeños todavía. Tenían ovejas y cabras, dispersas por los cerros. La señora se dedicaba a elaborar queso de cabra y hornear diariamente el pan casero para su familia y los andinistas que pasaban por allá frecuentemente. Habíamos convenido de antemano que yo dormiría en un rincón que daba al exterior de la cabaña, y diariamente me venderían pan y queso.

A unos quinientos metros de la casa se abría una pequeña llanura, cruzada por un arroyo que alimentaba una pequeña arboleda. Este sería mi Sinaí. Y comenzó la fiesta.

* * *

Antes que nada quiero consignar que las vivencias de estos días, así como las de los días anteriores y venideros, las fui anotando en un cuaderno grande, hasta que fueron transvasadas a *Muéstrame tu rostro* y otros libros.

Era el primer día. Había llevado conmigo a la llanura como *instrumentos de trabajo* aquella oración de san Francisco que comienza "Tú eres santo...", y el prefacio del Cuarto Canon. No quise forzar nada, ni intenté orar. El Padre se haría presente. Mientras tanto, yo permanecía tranquilo, confiado, en su presencia, contemplando el paisaje cordillerano.

Después de un buen rato, comencé a leer despacio y en voz alta: "Tú eres santo, Señor Dios único", oración de alabanza donde no hay ninguna referencia al orante, sino que se eleva incesantemente hacia un Tú, siempre Tú, eternamente Tú. Mientras iba diciendo aquellas expresiones, mi alma fue entrando en una atmósfera de alta temperatura. Tú eres humildad, Tú eres paciencia, Tú eres seguridad, Tú eres alegría, Tú eres dulzura, Tú eres hermosura, Tú eres fortaleza...

Un Tú sempiterno, un Tú inagotable, interminable... Recuerdo que yo, en ese momento, era arrastrado por un turbión, envuelto en un torbellino siempre más allá, hacia una vibración universal que emanaba de aquellas expresiones. Primero leía las frases, luego las gritaba, más tarde descendía de volumen, finalmente iba enmudeciendo. Mi atención, con todas las energías mentales integradas, apoyada en cada una de esas expresiones y sintiéndolas vivamente, mi alma, digamos, identificada con esas expresiones, salía de mí, volaba hacia un Tú, se concentraba y fijaba en un Tú, y simplemente se quedaba con un Tú, identificada, compenetrada, mientras yo desaparecía sin preocuparme de si yo era justo o pecador; me bastaba con que El fuera santo. Era adhesión, posesión, vibración.

Aquí también pude percatarme de que, en esos momentos, tiende a desaparecer todo, el yo, la historia, el tiempo. El Tú lo llena todo y de tal manera lo ocupa que queda flotando la impresión de que Dios es todo o todo es Dios, pero sin atisbo de panteísmo. Es lo que sentía san Francisco: Mi Dios y mi todo.

* * *

No sé cuánto tiempo duró aquel *momento*. Pero tenía que detenerme y alimentarme, porque la naturaleza humana tiene sus límites. Comí lentamente. Pero me di cuenta de que estaba mentalmente fatigado. Consideré conveniente dormir. Me entregué en los brazos del sueño. No sé cuánto tiempo duró aquella dulce ausencia; sólo sé que, al despertar, se había esfumado la fatiga mental.

Las resonancias del bello *momento* de la mañana todavía reverberaban en mi alma. En este estado emotivo tomé el prefacio del Canon IV, y continuó la fiesta.

Su amor y su inmensidad se extienden desde un confín hasta el otro confín del universo, abarcan y desbordan todas las fronteras del espacio y del tiempo, desde siempre y para siempre. Recuerdo que estas palabras me colocaban en alta tensión, mientras contemplaba aquellas gigantescas estribaciones cordilleranas, con cumbres cada vez más altas y más lejanas, algunas de ellas blancas de nieve todavía en pleno verano... Como pasmado, como extasiado, como exaltado repetía innumerables veces: "Desde siempre y para siempre Tú eres Dios".

Sentía como que me nacían inmensas alas, y como que yo también me extendiera de una frontera a otra, en las mismas dimensiones de Dios. Todo era adoración y vértigo; todo era la eternidad y la inmensidad en un Tú que trasciende y supera todo en su infinita grandeza, pero, sobre todo, que me ama locamente y sin un por qué.

Siempre me sentí absolutamente impotente para balbucir la más remota palabra, alegoría o metáfora para verbalizar el estremecimiento que yo sentía en aquella tarde al exclamar innumerables veces "eres una luz más brillante que toda luz". Yo tengo también experiencias de épocas de sequedad, estados de aridez, pero éste fue un día glorioso.

* * *

Al caer de la tarde fui descendiendo lentamente hasta la cabaña, con el gozo derramado en todas mis arterias. Aquella familia no podía comprender cómo un hombre puede pasar una semana en la soledad del monte precisamente cuando la gente se va de vacaciones a las playas. En todo caso, pronto entramos en clima de confianza y conversamos mucho.

A cierta hora de la noche nos retiramos. Fue una noche original. Yo, nacido en el campo, desde niño me había familiarizado con murciélagos, ranas, ratas, sapos, arañas... salvo con los reptiles. Debido a esta familiaridad, no fue una noche de horror, sino una noche hasta cierto punto divertida. Es difícil imaginar la cantidad de ratas, enormes, paseándose por las vigas, peleándose, chirriando, subiendo, bajando, hasta que amaneció. No sé dónde, al amanecer, se escondió aquella legión de ratas; no sabría decir si huyeron a los cerros o se sumieron bajo tierra, en sus guaridas. De todo modos, en ninguna noche faltaría el *show* de las ratas.

*   *   *

De nuevo subí a la llanura. Estuve largo rato contemplando los diferentes perfiles de la cordillera, con el salmo 104 como apoyo para celebrar y disfrutar aquella mañana, espléndida como pocas.

Sería como media mañana. Había elegido el salmo 139 como *instrumento de trabajo* para todo ese día. Después de las habituales invocaciones y ejercicios de silenciamiento, comencé a tratar de vivir el incomparable salmo en sus 18 primeros versículos. Al cabo de un rato me di cuenta de que me encontraba distraído, dispersivo. No permití que la angustia entrara en mi recinto. Me sentía incapaz de concentrarme, de ordenar los pensamientos, controlar los sentimientos; en suma, impotencia para estar con el Padre. A una determinada altura asomaron su nariz el desaliento y una cierta tristeza. Pero les cerré enérgicamente la puerta.

Otras insinuaciones más sutiles silbaron en mis oídos: ¿qué sentido tiene pasar una semana en estas condiciones? ¿Por qué no tomar, como todo el mundo, unas vacaciones en regla? Tenía el auto ahí mismo, ¿por qué no lanzarme a explorar rincones desconocidos de la cordillera? No hice nada de eso. Respiré hondo, y caminé varias horas por la llanurita, recorriéndola de un extremo a otro. Comí. Me entregué al sueño. Me resigné a *perder* el día.

Serían como las seis de la tarde. Hice un ejercicio general de silenciamiento, buscando ante todo la calma y la serenidad, porque temía ser alcanzado por la mano larga de la ansiedad.

Sin prisa alguna, e invocando la ternura nunca desmentida del Papá querido, me zambullí de nuevo en las corrientes del salmo 139. Fui pronunciando repetidamente las primeras palabras: "Tú me sondeas y me conoces". Al pronunciarlas, identificaba toda mi atención y emoción con el contenido, el significado profundo de las palabras. Seguía escalando por los peldaños de los siguientes inspiradísimos versículos. A pesar de su hermosura, algo me arrastraba hacia atrás, y regresaba a las primeras palabras.

* * *

Las fui pronunciando cada vez más lentamente, más suavemente; mi alma estaba cada vez más compenetrada, identificada, paralizada en el absolutamente Absoluto, en el completamente OTRO, en el totalmente distinto de mí, mis mundos, fronteras e intereses... Me hallaba como salido de mí, como seducido, cautivado, *sacado* de mis fundamentos y perdido en las inmensidades del Mar, como quien mira sin pensar, como quien ama y se siente amado.

Seguía pronunciando las palabras ("Tú me sondeas y me conoces"), pero cada vez más pausadamente. Tenía la percepción de que esas palabras eran como puentes que me hacían presente al Ausente; pero una vez que el Ausente ya estaba completamente presente, ¿para qué sirven los puentes y las palabras? Y de nuevo se me humedecieron los ojos. Y, sin darme cuenta, cesaron las palabras, y yo quedé sin decir nada con la mente, nada con la boca. Las lágrimas reemplazaban a las palabras.

Estaba anocheciendo. A estas alturas, Dios fue perdiendo para mí toda imagen, forma, concretez, localización. Ya no era el Padre, no era mi Señor Je-

70

sucristo, no era el Espíritu Santo. Era... ¿quién era? Y no había nombres. Sólo había un pronombre. Era El. ¡El! ¡El!

Un El que no está arriba, abajo, lejos, cerca. Un El que no *está* en ninguna parte; esto es: abarca, comprende, contiene, y trasciende todo tiempo, todo espacio. El es la Presencia pura y esencial, y amante, y envolvente, y compenetrante, y omnipresente; esencia de mi existencia y fundamento fundante de mi ser. El es y me ama. Y basta.

Al final no quedaba otra realidad sino El, que no es enorme, sino enormidad; que no es inmenso, sino inmensidad; no es eterno, sino eternidad; no está dentro de mí, es inmanente a mí; no está fuera de mí, es trascendente a mí... Y al final, ¿quién soy yo? Soy una atención abierta, amorosa, sosegada, no absorbida por El, sino asumida por El. Soy como una playa, El es el mar vasto, profundo y azul que me invade, inunda, me ama, me llena todo.

* * *

Ya estaba completamente oscuro. Es difícil, mejor dicho, es imposible para un habitante urbano imaginar en este mundo un espectáculo tan sobrecogedor como un cielo estrellado en la alta cordillera. Hay una frase hecha que dice: "a la luz de las estrellas". Es verdad: en esa noche parecía que las cumbres cordilleranas estuvieran tenuemente iluminadas por la luz de las estrellas.

Pero en este momento nada me conmovía sino El. No quería distraerme. Quería aprovechar el *momento,* absorberlo, vivirlo con la máxima potencialidad; y pensé pasar allá la noche entera; estaba suficientemente abrigado. Me acordaba de las noches de Jesús en las montañas. Tenía un pequeño temor: que la familia se asustara; pero me desligué de eso.

De nuevo me puse encogido en el suelo, concentrado, inmóvil; repetí unas pocas veces "Tú me sondeas y me conoces". Y no hizo falta más. ¡De nuevo El, simplemente El, la Presencia que me envolvía y me compenetraba, infinitos panales de miel, millones de madres con su ternura, sin entender nada, sintiéndolo todo, en un silencio infinito poblado por un Infinito!

Miraba de vez en cuando el esplendor del cielo estrellado, y no sé de qué entrañas últimas me brotaba aquel versículo: "¡Señor, Señor, qué admirable es tu nombre en toda la tierra; cuando contemplo el cielo...". No ha habido en toda la historia una noche de bodas como aquella.

En la profundidad de la noche, de pronto divisé a lo lejos la luz de una linterna. Enseguida sospeché de qué se trataba, y salí a su encuentro. Era, obviamente, el padre de familia con el hijo mayor, asustados. Les pedí mil disculpas. Me dijo si quería dormir en otro rincón más interior de la cabaña. ¡Pobrecitos! Sospechaban que yo estaba huyendo de tener que dormir con las ratas. Les dije que dormía muy a gusto en aquel rincón, que ya estaba familiarizado con esos animalitos de Dios. Eso les tranquilizó.

Bajamos lentamente a la tenue luz de la linterna. Era la una de la madrugada. Llegados a la cabaña, la señora despertó a los niños, y el reencuentro fue una fiesta. Todos los chocolates que había llevado para alimentarme se los repartí a todos ellos.

* * *

Amaneció el tercer día. Me doy cuenta que resulta pesado, hasta engorroso, narrar con prolijidad los vaivenes de cada jornada. Abreviando y resumiendo entregaré unas observaciones.

Primeramente, tengo que señalar que cada día llevaba como *instrumento de trabajo* salmos seleccionados, uno o varios, además de determinados capítulos del profeta Isaías. Siempre estaban también a mi alcance la Biblia, alguna biografía de san Francisco, así como sus escritos.

En segundo lugar, la actividad orante de los días siguientes varió muchísimo, según la gracia y las situaciones anímicas de cada momento. Hubo momentos de altitud e intensidad semejantes a los de los días anteriores. Varias veces fui alcanzado por la fatiga mental y la consiguiente incapacidad para seguir orando, en cuyo caso me dedicaba a leer; simplemente a leer despacio.

En el quinto día me visitó una fuerte sequedad, acompañada de dispersión. En este día estuve a punto de tirar todo por la borda y regresar a casa. Pero resistí y pude dar cima a la semana completa. Hubo también abundante oración vocal, sobre todo con los salmos de alabanza y adoración, junto con momentos de recogimiento en silencio y paz. Cerré obstinadamente las puertas al desaliento en varias ocasiones. El Señor me dio la gracia de coronar la semana con firmeza y alegría.

* * *

A partir de esta semana, y como consecuencia de ella, se dieron en mi alma varias mutaciones importantes.

En primer lugar, como dije más arriba, el interlocutor habitual de mi actividad orante, por largos años, había sido Jesús. A partir de aquella noche de amor, invariablemente fue el Padre. En esta semana, y a partir de ella, frecuentemente, en los momentos más altos, y sobre todo cuando el silencio logra reemplazar a las palabras, el interlocutor era y es simplemente Él, más allá de nombres y denominaciones: el absoluto, el trascendente, el eterno, el sin nombre, el incomparable...

En segundo lugar, me nacieron unas ganas locas, unas ansias incontenibles de ser humilde y desaparecer, una necesidad imperiosa de cavar en mi alma vacíos cada vez más profundos. Este ardiente deseo de humildad me nació sobre todo en uno de los momentos más altos en que pasé varias horas repitiendo aquellas palabras de san Francisco: "¿Quién sois vos y quién soy yo?" Al medir la altura del Altísimo en comparación con mi pobre estatura, sentí la necesidad de colocarme a la altura que me correspondía, la de un pobre. A partir de esta semana, como lo explicaré más adelante, la humildad habría de constituir para mí el ideal de conquista. Desde este momento, muchos puntos de vista, criterios y juicios de valoración habrían de experimentar alteraciones drásticas.

En tercer lugar, después de esta semana surgieron como por encanto por todos los rincones de mi alma la ternura, la paciencia y la misericordia para con los pobres, y sobre todo en el trato con los hermanos difíciles.

En el verano del año siguiente repetí otra *semana* en el mismo lugar y de la misma manera. Pero a partir del año subsiguiente desapareció aquella querida familia y no supe más de ellos. Al parecer era de las familias trashumantes que se movían de un lado para otro con sus ovejas y cabras.

* * *

Los dos años siguientes habrían de ser tiempo de maduración en dos direcciones: descubrimiento y profundización en el misterio de la humildad, en primer lugar. Y, en segundo lugar, reflexión intelectual y estudio a fondo de la teología en la línea del Concilio Vaticano II. Todo esto mientras cumplía los compromisos propios del Instituto al que pertenecía.

En la medida en que iban saliendo a luz los textos conciliares fui devorando, masticando, rumiando cada uno de los documentos, anotando en mis cuadernos las novedades que más me llamaban la atención.

Mientras me dedicaba a este estudio conciliar, al mismo tiempo e intelectualmente iba sumergiéndome paulatina y decididamente en los abismos divinos con teólogos que habían sido el alma del Concilio: Rahner, Congar, Schillebeeckx y otros. Había conseguido las obras más significativas de estos autores y los fui estudiando pausadamente tomando nota de las ideas que más me cautivaban.

* * *

También me lancé de cabeza en las obras fundamentales de Karl Barth, Bonheffer, Hamilton, a quienes yo siempre consideré como verdaderos confesores y testigos de Jesucristo; y la manera de expresar su fe me parecía una combinación perfecta entre la experiencia y la racionalidad.

Sin embargo, quien me sacó de quicio sobre las olas de la admiración fue, siempre lo fue, Teillhard de Chardin. Ningún autor me ha cautivado tanto como él. Adquirí sus obras completas, y navegué durante muchos años por sus mares brillantes y profundos con inusual apasionamiento.

Por esos mismos años combinaba extrañamente los autores citados con Meister Ekhart, Isaías y san Juan de la Cruz.

Siempre seguí con verdadero interés los avances de la teología conciliar y, sobre todo, de la cristología. Pero quizá lo que más me apasionó por esos años y más tarde fue el progreso de las ciencias genéticas, las investigaciones en la biología molecular y, en general, todo cuanto hiciera referencia a la antropología.

Canto fundamental

El silencio camina por el valle nevado, pero nadie escucha sus pasos. Los ríos siguen su camino sin mirar atrás ni a los costados. Las rosas perfuman el aire, pero no se preocupan si los transeúntes se detienen para aspirar su perfume. Las estrellas brillan, pero no les importa si los lagos reflejan o no su luz. Todos se dan, cumpliendo su ley, pero nunca se vuelven sobre sí mismos.

*   *   *

Años atrás, el Padre Dios me había manifestado su amor de una manera sorpresiva, superando todos los parámetros de la normalidad; esa "revelación" había de tener efectos de larga trascendencia en nuestro mensaje y obra.

En cambio, lo que voy a abordar ahora no tuvo ningún carácter infuso; al contrario, fue una elaboración lenta y progresiva a lo largo de aquellos cinco o seis años. Pero me asiste la más íntima convicción de que estamos ante una de las manifestaciones más hermosas y fecundas que el Padre me haya dado en mis días.

Tanto es así que el conjunto de intuiciones, convicciones, claridades y evidencias que se me dieron en estos años, y que voy a exponer en las páginas siguientes, están desparramados a lo largo y ancho de mis diez libros, y constituyen el *cantus firmus*, la melodía central que atraviesa y vivifica nuestro mensaje y obra.

* * *

Todo comenzó por la conjunción de varias líneas convergentes. En primer lugar, un librito me conmovió hasta las raíces, y me echó por tierra toda la estantería. El librito se intitulaba: "Sabiduría de un pobre", de Eloi Leclerc. Varias veces lo leí, siempre me emocionaba y nunca me cansaba. El libro me abrió horizontes inéditos y vastos panoramas en la tierra de la pobreza y humildad de corazón.

En segundo lugar, por el objetivo mismo del Instituto al que pertenecía, yo tenía que estar permanentemente sumergido en la espiritualidad franciscana y asomado al alma de san Francisco. Aunque teóricamente lo sabía desde siempre, yo quedé desgarrado una y otra vez al comprobar la pasión, radicalidad y santo fanatismo con que Francisco reclamó para sí y sus hermanos, hasta el último aliento, la vía de la pobreza y humildad.

En tercer lugar, por esos mismos años, y por concordancias paralelas, se me concedió encontrarme con otro hombre evangélico, versión moderna del Pobre de Asís: Charles de Foucauld. Conseguí sus obras completas y todas las biografías existentes por esos años. Como mi epidermis estaba tan sensible a estos motivos, es difícil imaginar hasta qué punto mi alma se identificó y vibró con los ideales del hermanito Carlos: su afán de desaparecer, de ser un "peregrino en la noche", de imitar al gran desconocido de Nazaret, sus desiertos y talante contemplativo...

* * *

Por esta misma época pude darme cuenta de qué manera venía avanzando por las páginas de la Biblia la corriente caudalosa de la espiritualidad de los anawim (los pobres de Dios). El manantial de donde emanó esta corriente fue el profeta Sofonías con sus intuiciones sobre el *resto de Israel* que, finalmente, habría de desembocar en el mar de las Bienaventuranzas.

La palabra típica y mágica que sintetizaría la espiritualidad y la actitud vital de los *Pobres de Dios* era, y es, *Hágase*. Con esta palabra, la Madre habría de dar cabal cumplimiento a su destino de maternidad divina. Con esta misma palabra el Hijo cumpliría su destino como redentor del mundo durante la crisis de Getsemaní.

La misma declaración de identidad personal que se da la Madre ("He aquí la sierva del Señor" –pobre y humilde–) se daría también el Hijo: "Aprendan de mí que soy pobre y humilde de corazón". Impresionante el paralelismo entre la espiritualidad de la Madre y el Hijo.

Retorno al olvido

Yo, que era un río que se creía mar, fui quedándome absolutamente deslumbrado por semejante constelación de fulgores, destellos y evidencias concordantes. No era ni seré nada, pero tenía todos los sueños del mundo; mas estas líneas convergentes me hicieron despertar sobresaltado, con un estallido como de trompetas.

No iba bien; no avanzaba por el verdadero sendero de la sabiduría. También yo tenía que emprender una ruta de estrellas, el camino de la noche, de la humildad, de las nadas.

* * *

Por aquellos años fui sumergiéndome, a la luz de las bienaventuranzas, y como en cámara lenta, en los misteriosos abismos del *yo*. Las intuiciones y reflexiones que de allí extracté las he ido vertiendo en todos mis libros.

Todo ser humano, desde que entra en el uso de razón, proyecta instintivamente una imagen de sí mismo para sí mismo. Pasan los años y paulatina e inconscientemente, el ser humano va separando y distanciando aquello que realmente es de aquella imagen social que desea proyectar. Del desear ser así pasa a imaginar ser así: una imagen, pues, ilusoria, irreal.

A continuación da un nuevo paso más alucinante todavía: identifica lo que es con lo que imagina ser. Metido en este frenesí delirante (y sin darse cuenta) va adhiriéndose morbosamente a esa imagen falsificada. Por eso es que a la gente no le interesa lo que soy sino cómo me ven. No la realidad, sino la imagen. Y a esa imagen fantaseada la llamamos "yo", así entre comillas.

El "yo" es, pues, una ilusión, una ficción que nos seduce, una mentira que ejerce sobre el hombre una cruel tiranía: está triste porque su imagen perdió brillo. Se le ve abatido porque su popularidad ha bajado. Va cayendo en la fosa de la depresión porque su prestigio se hizo añicos. Su yo (identidad personal) permanece inalterable. Es su imagen ("yo") la que sube o baja, y al vaivén de los aplausos o silbidos suben y bajan sus euforias y depresiones. Como se ve, el "yo" le roba al hombre la paz y la alegría.

Anda obsesionado por quedar bien, por causar buena impresión; vive ansioso por saber qué piensan de mí, qué dicen de mí, y al zigzag de estos altibajos, el hombre sufre, teme, se estremece. La vanidad y el egoísmo atan al hombre a una dolorosa e inquietante existencia.

Peor aún: el "yo" mete al hombre en un campo de batalla. Ataca y hiere a los que brillan más que él en el fragor de envidias, venganzas y rencillas que son

80

las armas con que defiende su imagen. Y así nacen las guerras fratricidas desencadenadas en el nombre de una mentira, una loca quimera, un fuego fatuo.

* * *

¿Cómo liberarnos de esta tiranía? Cuando el hombre deja de referirse a esa imagen ilusoria nace la tranquilidad mental. La liberación consiste, pues, en vaciarse de sí mismo, tomar conciencia y convencerse de que ese "yo" es una mentira, una sombra.

En cuanto el hombre deja de referirse a ese "yo", se apagan los temores, las angustias y obsesiones, que son llamas vivas. Y, apagadas las llamas, nace el descanso, igual que, consumido el aceite de la lámpara, se apaga el fuego. Muere el "yo" y nace la libertad.

Jesús dirá: "el que *odia* su vida la ganará". Bienaventurados los desposeídos de sí mismos porque ellos, y sólo ellos, poseerán el reino de la paz. Cuántas veces, sentado sobre una piedra, y contemplando las cumbres nevadas, al realizar los ejercicios de vacío mental y olvido de mí, he llegado a sentir casi instantáneamente, el bálsamo de la paz.

De pronto, en el momento menos pensado, comenzaba a sentir un aprieto del corazón: era el temor. Me analizaba, y siempre comprobaba que se trataba del "yo", de alguna amenaza a mi imagen. Hacía un ejercicio de vacío mental y... ¡magia!, automáticamente se apagaba la llamá, y ¡qué paz! Multitud de veces hice esta experiencia y siempre recuperaba la tranquilidad mental. Y así llegué a la inquebrantable decisión y convicción de avanzar resueltamente por este camino en cuya ruta, estaba seguro, encontraría lo que buscaba: la benignidad, la mansedumbre y la dulzura.

"No me da pena nada"

Para el que se ha vaciado de sí mismo no existe el ridículo. Si nos olvidáramos, si nos vaciáramos de las ilusiones y quimeras del "yo", el temor no llamaría a nuestras puertas, y sentiríamos el mismo inmenso alivio que cuando desaparece la fiebre alta.

Nada desde adentro, nada desde afuera podría perturbar la serenidad del que se ha liberado del "yo". Los disgustos no lo punzan, las críticas no lo amargan. Eliminado el "yo", adquiere el hombre plena presencia de sí y control de los nervios en el modo de hablar, actuar y reaccionar. Pero, ¡ojo!, esto no se consigue de una vez para siempre. Después de disfrutar de una soñada paz, de pronto, en el momento menos pensado, yo me sentía turbado de nuevo. Me analizaba, y otra vez era el temor engendrado por el "yo". Nuevamente tenía que vaciarme y recuperar la serenidad.

* * *

Desprendido de sí y de sus cosas, y liberado de las ataduras del "yo", el corazón pobre y humilde entra en el seno profundo de la libertad. Y, a partir de ahí, llega a vivir libre de todo temor, en la estabilidad emocional de quien está más allá de todo cambio.

Al corazón pobre y humilde, liberado ya de la obsesión de su imagen ("yo"), lo tiene sin cuidado lo que piensen o digan de él, y vive, silencioso, en una gozosa interioridad. Se mueve en el mundo de las cosas y acontecimientos, pero su morada está en el reino de la serenidad. Nada tiene que defender porque nada posee. A nadie amenaza y por nadie se siente amenazado.

El pobre en el espíritu no juzga, no presupone, nunca invade el santuario de las intenciones y su estilo es de alta cortesía. Es capaz de tratar a los demás con la misma consideración con que se trata a sí mismo. Una vez desprendido de la pasión del "yo", pasa a la compasión con la humanidad doliente.

El corazón humilde no se irrita contra nada, respeta las leyes de la creación y entra gozosamente en su curso. Deja pasar las cosas a su lado y deja que las cosas sean lo que son. Y una vez sumergido en la corriente de la vida, trata con ternura a todas las criaturas de Dios, y siente gratitud y reverencia por todo.

Esta, y tantas otras intuiciones, experimentadas por mí mismo, derramadas en mis libros con mil matices diferentes, me hicieron emprender un programa áspero, pero liberador: no dar satisfacciones al "yo", no defenderse, no justificarse, no buscar elogios, no hablar de sí, rehuir los aplausos, desaparecer, volar al país del olvido. En suma, "niéguese a sí mismo". Y todo esto, no nos hagamos ilusiones, lentamente: en el camino nos esperan los desalientos y los retrocesos. Hay que comenzar por aceptar, de entrada, que la vida sea tal como es.

La Sierva

Demos un salto hacia atrás y regresemos a los años en que yo era estudiante de teología. Ya expliqué más arriba cómo aquella teología escolástica no me decía nada, y que aquella reducción del Dios vivo a categorías intelectuales y fórmulas abstractas me causaba una extraña sensación de alergia.

Iguales sentimientos, y aún más intensos, me producía aquella mariología que nos enseñaban. Yo no sentía ninguna simpatía ni devoción por aquella mujer aureolada, casi mágica, tan distante de nuestra pobre naturaleza: nos la colocaban tan lejos, allá en el azul del firmamento, coronada de estrellas, la luna bajo sus pies, rodeada de ángeles, aureolada de una mitología típica de una semidiosa..., en suma una mujer que, de entrada, ni siquiera era mujer.

La presentación de una mujer tan irreal y poco humana me produjo un conflicto íntimo difícil de describir. Por un lado, sentía yo, naturalmente, aquella devoción mariana que traía desde la cuna, y, por otro, aquella presentación sobredimensionada de María, apoyada, además, en argumentos teológicos, me causaba un choque, una fuerte contradicción.

Fue una crisis que duró hasta la época en que se me "reveló" la espiritualidad de los pobres y humildes. La crisis se agravó en mis primeros años de sacerdocio en que tuve que hacer panegíricos sobre María, predicar novenas sobre la Inmaculada, en que me veía obligado a proclamar ideas que íntimamente no me convencían. Fue una profunda contrariedad que la viví silenciosamente.

* * *

En aquella época –aproximadamente 1967-1968– en que se me estaba desvelando el misterio de la pobreza y humildad, eché mano de todos los libros que pude hallar sobre los *anawim;* los leí, los estudié, me sacié con infinita satisfacción. Esos *descubrimientos,* vividos intensamente, me llevaron a una profunda alegría, me llenaron de una gloriosa libertad.

Un día me pregunté a mí mismo: ¿quién sabe si María de Nazaret, aquella que aparece en los Evangelios, no será una figura completamente diversa de aquella otra que nos entregaron en las clases de mariología? ¿Qué perfil tendrá, cómo se verá la tradicional Virgen María si la contemplamos a la luz de la espiritualidad de los *anawim* de la Biblia?

El hecho es que reuní todos los textos evangélicos, literalmente todos, que se referían a María, hice translucir su figura a través del prisma del alma de los pobres, y fue asomando paulatinamente ante mis ojos una figura deslumbrante, no precisamente por sus estrellas y diamantes, sino por su dignidad, silencio, fortaleza, elegancia... Efectivamente, una mujer de fe y pobre de Dios.

Pobre de Dios es aquella mujer que se siente sin derechos; y a una mujer que se siente sin derechos ¿qué le puede ofender? Aquella que nada tiene y nada quiere tener, ¿qué le puede turbar? No habrá en el mundo emergencias dolorosas o situaciones imprevisibles que puedan herir o desintegrar la estabilidad psíquica de una pobre de Dios como María.

Esa criatura excepcional que aparece en los Evangelios: señora de sí misma antes que señora nuestra, de una estabilidad emocional envidiable y admirable, indestructible ante los golpes y adversidades de la vida, esa figura es hija de una espiritualidad, la de los siervos pobres y humildes, según ella misma se califica y se clasifica: "Soy una Sierva del Señor; hágase en mí según tu palabra".

Posiblemente, son las palabras más bellas de la Escritura. María fue aquella mujer que extendió un cheque en blanco, aquella que abrió un crédito infinito e incondicional a su Señor Dios, y jamás se volvió atrás. Verdaderamente, la Sierva dispuesta a formular en cualquier momento su "hágase".

Desde ese descubrimiento, mi corazón ha estado permanentemente cautivado por la Sierva del Señor. Los vislumbres e intuiciones que se me dieron en la contemplación general de María los fui vertiendo, años más tarde en *El silencio de María*.

Gredos

En los años 1969-1970 estuve ausente del Instituto. Durante estos dos años organicé y puse en ejecución numerosas y sucesivas Semanas de Renovación por toda la amplitud de la geografía española para los hermanos y hermanas de la Familia Franciscana.

En vista de que no podía llevar a cabo ordenadamente mi sistema de desiertos y tiempos fuertes a causa de los compromisos, decidí reservar y poner en marcha un desierto prolongado realizado tierra adentro y con características atípicas.

En el rincón más remoto de mi interioridad me habían nacido sueños e ideales, y sobre todo una insaciable nostalgia de estar con Dios. Mi ideal era llegar a ser una lámpara que nunca fuera conquistada por la oscuridad ni extinguida por el viento. Quería beber la copa de un vino que embriagara de otra manera. Anhelaba encender velas y quemar incienso en su presencia, tejer una guirnalda de amapolas para su corona, y entonar una canción sin palabras que fuese apacible a sus oídos. Tantas cosas... Soñaba, en fin, vivir durante largas semanas un delicioso festival de presencia embriagada. Pero, ¿dónde?, ¿cómo?

* * *

Para moverme de un lado a otro yo disponía por entonces de un humilde vehículo que en España se llamaba *Dos Caballos*, porque su motor, supongo, tenía dos caballos de potencia. Era una camioneta cerrada que me permitía colocar un colchón en su interior, y así podía dormir con cierta comodidad.

¿Dónde realizar ese soñado y largo desierto? Tenía que ser una tierra de santos. Opté por Avila. Llegué allí llevando conmigo las obras completas de san Juan de la Cruz, santa Teresa y san Pedro de Alcántara. Un día entero me dediqué a explorar y buscar un lugar adecuado. Primeramente, tomé la carretera de Salamanca; después la de Segovia: a una cierta altura me desviaba por caminos secundarios y sendas vecinales tratando siempre de vislumbrar un panorama ideal.

Por fin, me decidí por la carretera que conducía al Escorial. Luego de recorrer bastantes kilómetros me desvié por una carretera secundaria. A cierta altura tomé un camino vecinal no pavimentado, que pronto se transformaba en una vereda de rebaños. Abandoné esa senda y me desvié hacia la izquierda; era una zona austera y bravía de la sierra de Gredos; una soledad de piedra, montañas azuladas en la lejanía y en el firmamento un azul absolutamente deslumbrante.

Era el mes de septiembre. Aquí había de vivir 35 días, con cortas ausencias para adquirir alimentos. Sólo abandonaría aquella soledad para realizar tres peregrinaciones a los sepulcros de san Juan de la Cruz, en Segovia, de santa Teresa, en Alba de Tormes, y de san Pedro de Alcántara, en Arenas de san Pedro, así como también otra peregrinación a Duruelo, alquería donde san Juan de la Cruz inició su primera reforma carmelitana.

Sería un empeño imposible redactar con prolijidad un diario con anotaciones de cada jornada, que, por cierto, están consignadas en mis cuadernos. Así, pues, trataré de narrar algunos episodios que dejaron huellas marcantes en mi vida privada con el Señor, así como algunos recuerdos que, a mi entender, merecen ser destacados.

* * *

En resumen, fueron días de gloria. La actividad interior fue muy diversificada e intensa. Abundantes gracias cayeron sobre mi alma como potentes borrascas. Pero también, con bastante frecuencia, mis alas se agitaban contra el viento en momentos de suma aridez, sin llegar, no obstante, nunca a la desolación. Hubo noches estrelladas en que me transponía al alma de Jesús, como lo explicaré.

Acabé de leer, casi en su totalidad, las obras completas de los tres santos abulenses, a la sombra de un encino, sentado sobre un bloque de granito. Los tres me gustaron. Pero mi alma sintonizó, con la atracción del vértigo con el alma y los ideales de fray Juan de la Cruz. Capté nítidamente y experimenté vitalmente que el programa de las nadas es la fuente pura de la alegría y la libertad.

Aquel día tomé mi *Dos Caballos* y avancé por caminos de polvo, internándome en los contrafuertes de la serranía de Gredos, hasta llegar a una alquería perdida en la soledad de la sierra, llamada Duruelo. Recuerdo que quedé conmovido hasta las lágrimas al entrar en el eremitorio, primera fundación de fray Juan, y encontrarme a primer golpe de vista con aquellas tres palabras, escritas con su mano y que sintetizaban su ideal: *olvido, silencio, oscuridad*. Jamás lo olvidaré. Y estas otras palabras: "No me da pena nada". "Ni me da gloria nada".

A pesar de la notable, pero aparente diversidad entre Francisco de Asís y Juan de la Cruz –mirados superficialmente parecen antípodas–, en estas semanas, sin embargo, llegué a la conclusión de que, en realidad, salvadas las apariencias, existe entre los dos santos una entrañable concordante: son como dos vasos comunicantes.

Rocas grises

Desde que llegué a este lugar quedé como fascinado por el espectáculo de unas rocas altivas y trágicas que se divisaban a lo lejos. Al momento tomé la resolución de que, al menos un día, pasaría en adoración ante aquel espectáculo, que de lejos, parecía espeluznante.

Era el cuarto día de mi estadía. Cuando la luz del amanecer comenzaba a danzar en las laderas de las montañas, salí a pie en dirección de aquellas rocas, llevando conmigo como *instrumento de trabajo* los salmos 8 y 104. Caminaba y caminaba, y parecía que el roquerío se alejara cada vez más. Ya había caminado dos horas, pero la meta parecía cada vez más lejana.

A medida que iba aproximándome, se podían distinguir unas rocas desgarradas de arriba a abajo, flanqueadas a un lado y otro por barrancos y hendiduras que, según la dirección en que yo me encontrara, iban tomando formas caprichosas: de pronto semejaban cabezas de búfalos, quillas rotas de un enorme transatlántico, gigantes desafiando al cielo, puños en alto, flechas... Todo, sin duda, efecto de alguna catástrofe telúrica de épocas remotísimas.

Finalmente, llegue al pie de las rocas. Encontré un bloque de granito de tamaño regular (toda la sierra de Gredos está formada de granito gris), desde el que se dominaba todo el escenario. Me senté sobre aquel bloque. Bebí harta agua. Descansé un buen rato.

* * *

Comencé por rezar los salmos 8 y 104 mientras levantaba los ojos a aquella imponente grandeza. Poco a poco fui quedándome con dos versículos: "¡Señor, Señor, qué admirable es tu nombre en toda la tierra!", y "¡Dios mío, que grande eres!" Mientras los repetía sin cesar fui entrando en un estado de admiración y adoración, algo que surgía desde la más remota intimidad.

Enseguida entré en un estado de exaltación: ¡Dios mío, qué grande eres!, eterno como esta montaña, inmutable como estas rocas, invencible como esta serranía, ¡qué grande eres, Dios mío, hermoso como este paisaje, profundo como ese azul! ¡Señor, Señor, gravitación eterna de los horizontes!, eres aurora sin ocaso, la luz te envuelve como un manto, en tu luz vemos la luz, estás vestido de belleza y esplendor. Tú brillarás eternamente sobre las rocas de mi alma. ¡Señor, Señor, qué admirable es tu nombre en toda la tierra!

Todo era luz sobre las rocas y delirio sobre el alma. Fui haciendo consideraciones sobre las edades geológicas; daba vueltas a mi mente considerando que hace millones de años, quizá miles de millones de años hubo aquí un parto telúrico entre bramidos y truenos subterráneos. Mucho antes, cuando explotó aquella molécula gigantesca y se puso en marcha este universo en expansión... desde siempre y para siempre ¡Tú eres, grande y admirable Señor!

En la calma y en la majestad de estos enormes picachos mi alma te siente y te quiere. Cuando aquí soplan las tempestades, tú vuelas en sus alas. Todo está lleno de tu presencia. Tú eres la fuerza que, en este alud, arrastra nieve y peñascos. Cuando el blanco silencio cubre de nieve estas cumbres, ¡Señor, Señor, todo se cubre de tu silenciosa presencia! Bendito seas por las nieves eternas y las rocas inmutables. Bendito seas por el silencio augusto de las noches estrelladas. ¡Dios mío, qué grande eres!

Me sentía exaltado, vibrante, feliz. Pude continuar más tiempo en esa adoración cósmica. Pero me detuve. Caminé debajo de las rocas contemplando las distantes montañas azuladas. Me alimenté. Descansé. Con las vivencias de este día habría de escribir numerosas páginas al día siguiente.

Pronto tendría que reemprender el regreso. Aproveché el tiempo disponible para rezar otros salmos de alabanza, y a las cinco de la tarde emprendí el viaje de regreso cantando salmos. Al arribar a mi lugar eran las ocho, y ya casi estaba oscuro. Llegué fatigado de cuerpo y de mente, pero jubiloso en el alma. Un gran día.

Temperatura interior

Más de veinte veces testifican los evangelios que Jesús oraba: siempre solo, casi siempre de noche y generalmente en una montaña. Siempre sentí un apremiante anhelo de pasar una noche en oración en una montaña. No sé qué tiene la noche: duermen las flores, despiertan las estrellas, parece que Dios te envuelve con un enorme manto de silencio y que El mismo se torna plásticamente concreto; no podemos asir la luz ni la oscuridad, pero disponemos de unas manos misteriosas para palpar a Dios, y este prodigio generalmente se produce de noche. El Padre me concedió el privilegio de pasar varias vigilias tierra adentro y en la alta noche.

Pero hay más. Yo había anhelado muchas veces asomarme al corazón de Jesús en una noche de oración; inclusive había alimentado el sueño imposible de descubrir y participar de la vida profunda de Jesús en el contexto de la apremiante insistencia de Pablo: tengan los mismos sentimientos de Cristo Jesús. Pero, ¿cómo captar la temperatura interior de Jesús, sus vibraciones emocionales, sus sentimientos o disposición interior?

Es imposible realizar este *descubrimiento* de las armónicas profundas de Jesús. Es una tarea específica y exclusiva del Espíritu Santo.

Llegó el día de hacer una experiencia en este sentido. Aquel día dormí toda la tarde. Y cuando ya asomaban las primeras estrellas, me abrigué bien, caminé unos cien metros hasta llegar a un altozano despejado donde había grandes piedras, para poder sentarme.

Comencé por pedir ardiente y prolongadamente una asistencia especialísima del Espíritu Santo. Lo invoqué con toda mi alma, suplicando me concediera la plenitud de sus dones. Evoqué a Jesús en las noches estrelladas de Palestina, sentado, así como yo ahora, sobre una piedra, inclinado sobre sí mismo, los codos sobre las rodillas y la cabeza entre las manos. Estaba a mi lado, sentado sobre una de las piedras.

Quedé quieto, como deteniendo el aliento, en un estado de suspenso admirativo, como quien con un potente telescopio se asomara al infinito mundo sideral. Luego, muy concentrado, en la fe, *miré* con infinita reverencia a la intimidad de Jesús, y ahí *quedé* presenciando, detectando algo de lo que sucedía en esos abismos. Metido en esa atmósfera, permanecía quieto e inmóvil, dejándome impregnar de sus armónicas existenciales, participando de su experiencia profunda. E, identificando mis emociones con sus emociones, comencé a repetir, sintiendo lo que Jesús sentiría al decir: "Abbá, Papá querido". Millares de veces lo repetí, con el corazón de Jesús.

Al cabo de un largo tiempo comencé a repetir, también con el corazón de Jesús, con sus propios sentimientos: "santificado sea tu nombre". Lo repetí innumerables veces, sin caer nunca en la monotonía; al contrario, cuanto más lo repetía, mayor carga vital y emoción sentía. Más tarde repetía, con el corazón de Jesús, esta frase: "Padre, glorifica tu nombre".

Estábamos en la profundidad de la noche. Una fuerza inevitable me arrastraba hacia atrás, al *Abbá.* Y me quedé con el *Papá querido*, repitiéndolo hasta el despuntar de la aurora; y tantas veces lo repetí y cada vez más posesivamente que, aquí también, la palabra *calló*, y una vez más, la palabra fue sustituida por las lágrimas.

Y sucedió algo que es inútil empeñarse en explicar. Ni toda la poesía del mundo podría evocar, ni todo el psicoanálisis barruntar una brizna de lo que allí sucedió. Hasta puede parecer herejía. Sencillamente, yo había desaparecido. Yo no era yo, yo *era* Jesús. En el mundo sólo quedaba Jesús *en* el Padre y yo perdido entre ellos... hasta que salió el sol.

Episodios

En esta larga retirada hubo tres noches de este estilo. Anoté varias observaciones. Primeramente, al día
siguiente de estas vigilias no dormía bien o casi nada.
Con el paso de los días fue acumulándose el cansancio cerebral, y aproximadamente por el vigésimo día
fui entrando en un estado psíquico extraño. No era
sequedad, ni siquiera aridez; tampoco era una típica
noche del espíritu, pero participaba de muchas de
sus características. Orar era perder el tiempo. Leer
escritos de santos no me resultaba gratificante, y,
peor, tenía incapacidad absoluta de concentración.
Me dominaba la idea, casi la obsesión, de estar perdiendo el tiempo, y de estar encerrado en un círculo
de falacia y mendacidad. Comenzaron también a
clavárseme como saetas frecuentes destellos de tedio, incluso de náusea.

Opté por comenzar a hacer las peregrinaciones,
en días alternos, a los sepulcros de los santos. Mientras tanto, procuraba amenguar la intensidad de la
actividad orante, que se reducía a oraciones vocales
y cánticos. A los cinco días había recuperado la normalidad.

Otro episodio. Una de las noches, una noche
excepcionalmente serena y sosegada, estando yo
metido en un bellísimo mundo de adoración, comencé a escuchar primero a lo lejos, luego más cerca,
ruidos y movimientos de ... ¡quién sabe! Es impresionante con qué claridad se captan los ruidos en la
noche. No entré en pánico, pero sí se me produjo un
cierto escalofrío. Regresé a mi citroneta, y con susto,
me puse al acecho.

El ruido era cada vez más cercano, casi estaba
encima, a los lados. Eran toros negros... pero, no,
enseguida pude comprobar que se trataba de vacas.
Eran cinco. Lo que sucedió parece increíble. Los cinco toros (vacas) se pusieron mirándome atentamen-

te alrededor de la citroneta por delante y por los lados como un ejército en orden de batalla, como dispuestos al ataque. Hice un acto de abandono y me
calmé. Entré en razón, y pensé que los toros (vacas)
nunca habían visto en el monte semejante artefacto,
y lo estaban observando con curiosidad y atención.
En efecto, después de un par de minutos, uno tras
otro, tranquilamente, se ausentaron.

* * *

Durante varios días, en esta retirada de Gredos, experimenté, sobre todo en los atardeceres, la nostalgia de las colinas eternas, pequeños vislumbres del
más allá.

En Santiago de Chile suele darse un fenómeno
que despierta en mí añoranzas de mundos imposibles, pero deseados. En el invierno, las altas cumbres están coronadas de nieve. Aun así, de cuando
en cuando se dan días radiantes. Al anochecer de
esos gloriosos días sucede un fenómeno visual que a
mí me despierta misteriosas evocaciones. El sol ya
se hundió detrás de los montes. Después de un largo
tiempo de la caída del sol, ya casi anocheciendo, aquellas cumbres permanecen tenuemente iluminadas
sobre el fondo oscuro del firmamento, pero con una
luz tan evanescente de tonalidades rojizas que a mí
me produce una sensación indefinida de nostalgia
del más allá, de otro mundo mejor, de la Patria.

Pues bien, en aquellos días, en Gredos, aunque
en este tiempo no había nieve, llegué a sentir con
honda intensidad, sobre todo en los atardeceres, una
misteriosa e imperiosa nostalgia de la Casa del Padre, un súbito y vehemente deseo de que todo se acabara para que todo comenzara. Tengo la convicción
más firme de que la vida eterna es una realidad tan
alta que no hay mente que la pueda concebir ni lengua capaz de expresarla. Nos vamos a llevar una sor-

presa de proporciones cuando nos encontremos con los ojos abiertos y cara a cara con un universo deslumbrante, enteramente *otra cosa,* infinitamente más excelso y fuera de serie de todo lo que pudiéramos sospechar. Llegará.

Ultima noche

Una noche de amor, como aquella que expliqué más arriba, había alterado en mi historia tantos impulsos vitales, motivos de conducta, criterios de vida como se evidenciaría en mi obra posterior. La vida me fue enseñando que el amor es la suprema energía del mundo, y que el principio de toda santidad consiste en dejarse amar, porque sólo los amados aman.

También en el transcurso de estos años la experiencia de la vida me había dejado una serie de evidencias: que la única grandeza del Padre es la compasión; que el Padre siempre está esperando, sin forzar a nadie, y respetando la libertad; que no existe en su diccionario la palabra castigo; al contrario, si los hombres le lanzan piedras, El, a cambio, les regala flores; cuando los hombres le lanzan flechas envenenadas, El, a cambio, les ofrece un sol de oro; que a la oveja rebelde y fugitiva la carga a hombros y la lleva a apacentar en verdes praderas; que, en fin, sus mejores desvelos y regalos los tiene reservados para los rebeldes.

Antes de abandonar aquella soledad envidiable y bajar al fragor de las multitudes, yo anhelaba ardientemente darme un nuevo y último baño en el amor y vivir en alto voltaje una última noche de amor.

*   *   *

Descansé y dormí muy bien durante aquel penúltimo día. Estaba contento, aunque con un tic de ner-

LA ROSA Y EL FUEGO

viosismo; pero un destello de emoción me auguraba una noche especial. Poco a poco la penumbra fue cubriendo con un manto gris los valles distantes y el círculo de montañas, y una a una fueron apareciendo las estrellas sobre el fondo oscuro.

Después de una hora, todo era prodigio en aquella noche; parecía una noche mágica. Con toda mi alma pedí al Espíritu Santo la humildad, la concentración, y sobre todo, la sabiduría para dejarme amar, dejarme amar locamente hasta que las columnas del "yo" se derritieran en la fragua del amor.

Me senté sobre aquella piedra, me encogí sobre mí mismo, tomé mi cabeza entre las manos y permanecí inmóvil, paralizado, vacío de todo durante un buen rato. Después, concentrado, tranquilo, comencé a repetir la inefable invocación: ¡Abbá, Papá querido! Innumerables veces la repetí, cada vez con mayor concentración; y desde el fondo de la eternidad poco a poco fue emergiendo el Padre con una mirada amorosa, envolviéndome con un amor sin medidas ni controles.

* * *

Dicen que los puentes unen a los distantes, pero en este momento las distancias se habían esfumado, y yo vivía una intimidad total en que yo había sido asumido en su seno como en un océano. Pero seguía invocándolo con pausas largas de silencio: ¡Papá querido!

La ternura y la confianza levantaron el vuelo para lanzarme en el vértigo, en el seno profundo de la presencia amorosa. ¡Oh, Papá querido! Tuve la sensación de que todo mi cuerpo, mejor dicho, mis arterias se habían transformado en ríos caudalosos de dulzura. ¡Papá querido!

Los perfiles de los cerros y las estrellas mismas habían desaparecido. Una pleamar hecha de miel y ternura subía y subía, y con sus inmensas olas fue cubriéndolo todo: Valles, rocas, montes..., todo quedó anegado hasta que, al final, sólo quedó el Amor. ¡Oh, mi querido Papá, mil veces bendito! Y yo me perdí en la pleamar, me dejé arrastrar por las olas y no supe más...

A las cuatro de la madrugada me retiré a la citroneta para descansar, y a las diez de la mañana emprendí el regreso a la vida al son de la música alegre de Vivaldi. Al día siguiente reiniciaba las Semanas de Renovación.

Turbulencias y altibajos

Pasó un año completo, durante el cual fui impartiendo casi sin pausas, cursos de espiritualidad franciscana a hermanos y hermanas. Dada la estructura de las Semanas no había oportunidad para llevar a cabo, al menos ordenadamente, los desiertos, ni siquiera los tiempos fuertes.

En este año pude constatar experimentalmente, y por primera vez en la vida, un fenómeno alarmante: cuando se descuida la actividad orante, Dios comienza a transformarse en una realidad cada vez más ausente, distante e inexistente, y acaba por ser un concepto; y, en un círculo vicioso fatal se van perdiendo las ganas de estar con El.

En la medida en que esto sucede nacen, crecen y dominan los enemigos: el amor propio, la susceptibilidad, el mal humor, el orgullo... Todo esto lo fui observando en mí mismo. Me asusté; y llegué a la conclusión de que los *tiempos fuertes* dedicados explícitamente a cultivar el trato personal con el Señor son asunto de vida o muerte para un hombre consagrado a Dios.

También percibí nítidamente otra cosa: ¡qué fácil es dejar a Jesús para dedicarse a las cosas de

Jesús! Se racionaliza con suma facilidad afirmando que las urgencias apostólicas tienen prioridad en todo, y que hoy día lo importante no es orar, sino comprometerse con los necesitados. Como consecuencia, se va dejando a Jesús en un segundo lugar. ¿Resultado inmediato? Jesús deja de ser aquella presencia gratificante, y, por este camino, El acaba por ser un Jesucristo congelado, desencantado. Ahora bien: sin un Jesucristo vivo, ¿qué sentido tiene la vida evangélica, el celibato, el negarse a sí mismo, el devolver bien por mal, el perdonar al enemigo? Todo se torna en represión y nada tiene sentido.

En aquel año tan vertiginoso tomé conciencia de qué manera, tan insensiblemente, podía caer, también yo, en ese círculo mortal, y que no valen las altas experiencias habidas en tiempos pasados si no se persevera. Tomé, pues, una firme resolución: ya que durante el día el programa de las actividades no me permitía cumplir cabalmente con los tiempos fuertes, decidí madrugar diariamente y dedicar sesenta minutos para cultivar la vida privada con Dios, antes que comenzar el movimiento matinal. Y, salvo raras excepciones, así lo he cumplido desde entonces, año 1970, hasta ahora, y siempre en la misma habitación donde dormía.

También me enseñó la experiencia de la vida que, si el tiempo fuerte no se pone en práctica a primera hora de la mañana, los compromisos se van precipitando a lo largo de la jornada hasta que, sin darnos cuenta, ya nos sorprendió la noche y el sueño.

* * *

No me ha resultado fácil mantener en pie esta resolución de los tiempos fuertes diarios a lo largo de 27 años. Pronto se dice, pero la verdad es que infinidad de obstáculos se han interpuesto en el camino, y he necesitado una obstinada determinación para poder perseverar contra viento y marea.

¡Oh la complejidad del ser humano, *ese desconocido!* Los estados de ánimo subían y bajaban como las alteraciones atmosféricas. Había días en que amanecía con dolor de cabeza. En el día menos pensado, a veces por motivos conocidos, pero, en general sin saber por qué, se apoderaban de mí estados de dispersión, distracción o nerviosismo que hacían imposible cualquier trato de intimidad. No faltaron mañanas en que me dejaba vencer del sueño.

En esos días fui probando y ensayando modalidades diferentes para estar con Dios: a veces, simplemente leyendo biografías de santos a las que toda mi vida he sido tan aficionado. Otras veces recitaba salmos u oraciones y, mientras los leía lentamente, trataba de sentir con toda el alma el significado o contenido de los textos. Otras veces hablaba con Dios escribiendo. Llené cuadernos enteros con mis charlas con Dios. Pude comprobar que ésta es una manera eficaz de orar en épocas de gran dificultad.

Hubo épocas en que se apoderó de mí la frustración al comprobar el contraste entre los esfuerzos desplegados y los resultados obtenidos; y también al ver que no existe una línea uniformemente ascendente en la oración, y que los estados de ánimo tampoco son una línea geométricamente recta, sino sinuosa. En otras oportunidades, en el día menos pensado, me esforzaba por ponerme en oración, y una enorme sequedad obstaculizaba cualquier intento. En estos casos tomaba un versículo de los salmos o una jaculatoria que a mí me evocaba resonancias vivas, y todo el tiempo lo pasaba repitiendo sencillamente esa frase, con pausas, y con la mayor concentración posible.

* * *

En medio de estas pruebas, sobre todo cuando eran prolongadas, era inevitable que la tentación asomara su nariz: estoy perdiendo el tiempo, no vale la pena. Pero ninguno de los dos estados era prolongado: se alternaban los tiempos de dispersión con los de concentración, las épocas de sequedad con las de gozo sensible.

Yo me di cuenta de que el trato con el Señor iba adaptándose a mis disposiciones cambiantes. La preocupación, la simple fatiga, indisposiciones corporales, una cierta tensión a causa de los compromisos, dificultaban, imposibilitaban, favorecían una u otra modalidad en relación con Dios.

Hubo también visitaciones divinas por las que valdría la pena esperar una eternidad. Ellas despertaban en mí energías indomables para continuar en el camino emprendido. En momentos de dificultad, en trances de tribulación, hasta de desolación (de todo se da en la vida), cuántas veces Dios se hacía inesperadamente presente como una blanca enfermera derramando bálsamo de consolación sobre las heridas de la tribulación. Una delicia. En tan largos años era inevitable que surgieran crisis en las que yo me sentía triturado por dentro y por fuera, combatido por lucha y temores...; en esas situaciones yo comprobé cómo Dios, como madre maravillosa, hacía brotar de las heridas de la tribulación la llama de la consolación.

Hubo temporadas de devoción sensible, momentos deliciosos, experiencias de carácter infuso que me hacían sentirme fuerte para superar las dificultades, henchían mi alma de generosidad y audacia, y, sobre todo, me infundían ímpetu para recorrer resueltamente la senda de la humildad, la paciencia, la misericordia, en fin, para amar como Jesús amó.

En la ruta del Hermano

Perteneciendo yo a un Centro de Estudios Franciscanos, consideré conveniente y hasta necesario visitar y conocer el teatro de operaciones donde habían transcurrido las escenas más eminentes de la epopeya franciscana. Pedí, pues, autorización a los Superiores y me la concedieron de buena gana.

Eran los meses de septiembre y octubre de 1970, exactamente un año después del desierto de Gredos. Más que una gira de estudios habría de resultar un peregrinaje de eremitorio en eremitorio, permaneciendo en cada lugar dos o tres días; en Alvernia, una semana y en Fontecolombo, nueve días. Seis semanas, en total.

Partiendo de Roma viajé en tren hasta Asís. La Italia Central es una combinación alternada de valles y cadenas de montañas.

En los meses anteriores al viaje yo me había empapado en la vida y la obra de Francisco, una historia conmovedora cargada de mil episodios, pintorescos unos, dramáticos otros. Durante el viaje me dejé avasallar por la emoción mientras rememoraba y evocaba escenas y andanzas del Pobre de Asís.

Saliendo de la ciudad de Espoleto, se abre un incomparable panorama, llamado precisamente *valle de Espoleto*. Aproximadamente después de media hora de tren, ahí estaba, inconfundiblemente, recostada sobre el Subasio, ¡Asís!

La estación del tren de Asís está a muy corta distancia (unos cientos de metros) de la Porciúncula, epicentro y corazón de la vida y obra de Francisco. Entre la estación y el centro de Asís median unos cinco kilómetros. Esa distancia la recorrió el Hermano quizá millares de veces, con sus pies descalzos. Por esa ruta lo trajeron para morir, porque él así lo había pedido, y, una vez fallecido, por esa misma ruta llevaron sus despojos mortales a la ciudad.

* * *

Consideré privilegio y gloria el poder hacer este recorrido, no en taxi o autobús, sino a pie. Y así lo hice, cargado con mis maletas. Me causaba una emoción indescriptible el pensar que mis pies estaban pisando un camino sagrado, mientras surgían a borbotones en mi mente mil episodios del Hermano acaecidos en este mismo trayecto. Inolvidable mañana. Delante de mis ojos lucía el Sacro Convento, recortado en el azul, con el imponente Subasio como telón de fondo; y en mi mente iba renaciendo y reverberando la soñadora primavera de la épica franciscana.

Toda la tarde –primera tarde– la pasé ante la tumba de Francisco, perdido en un rinconcito oscuro para que los turistas no me distrajeran. Francisco no estaba muerto. Yo lo resucité; y, en un escenario sin contornos volvieron a repetirse en mi mente las peripecias del Hermano, sus andanzas y su lucha por el ideal evangélico de pobreza, humildad y fraternidad. Yo acompañé a Francisco; los dos hicimos juntos el recorrido, ocupando yo el lugar de fray León. Conversaba con él, le preguntaba y, sobre todo, le pedía ardientemente su pasión por Cristo pobre y crucificado y su sueño incandescente por la pobreza y humildad de corazón.

* * *

Al día siguiente, temprano, cuando la luz matinal comenzaba a sonreír tras los montes Sabinos, salí a pie en dirección del eremitorio de Carceri, es una carretera ascendente de unos seis kilómetros. Había decidido hacer todos los desplazamientos a pie en consideración y homenaje a los primeros hermanos, compañeros de Francisco.

Llegado allí, el lugar ya estaba inundado de turistas. Sentí pena. Perdido entre turistas recorrí las diversas dependencias del conventito con sabor a antiguo eremitorio. Pero rápidamente abandoné aquel lugar, no sin cierto hastío, y me interné en el bosque, donde permanecí el día entero. Gran parte del tiempo lo pasé en contemplación con el Hermano, evocando, reviviendo escenas, conversando con él, orando juntos, como dos hermanos.

Al tercer día, emprendí, a pie también, la peregrinación a San Damián. Los cipreses del camino extendían su sombra alargada sin pedir limosna, pero yo les correspondía con un "gracias", porque atenuaban el rigor del sol. Llegué al convento. Después de la Porciúncula, San Damián es el lugar más memorable de la historia franciscana. Esta fue la primera ermita, medio ruinosa, a donde el joven Francisco se retiraba a orar. Esta fue la primera capilla que Francisco restauró con sus propias manos. Aquí compuso el Cántico del Hermano Sol. Aquí vivió Clara de Asís durante cuarenta años, a lo largo de los cuales se llevó a cabo la primera experiencia de la vida franciscana femenina. Aquí también se apagó la Dama de luz.

Con suma emoción y devoción pasé aquí el día entero. Me acurruqué en el rincón más sombrío de la ermita ante aquel Cristo bizantino, durante muchas horas. Fui evocando, reviviendo y haciendo presente la espléndida carga histórica encerrada entre aquellas paredes. Ayudé al joven Francisco a restaurar la ermita piedra a piedra. Acompañé al Hermano crucificado, casi ciego, durante aquellos cuarenta dolientes días al final de su vida. Resonó por primera vez en mi alma asombrada el Cántico de las Criaturas, que repetí tantas veces durante ese venturoso día.

Para variar, salí al pequeño claustro para admirar el vuelo de las golondrinas. Me estremecían sus alegres piruetas, sus audaces acrobacias, aquella rapidez de relámpago con que se movían, su ternura materna al alimentar a sus insaciables polluelos. Asistí también al tránsito de Sor Clara, siempre con su inmutable serenidad, reteniendo fuertemente en-

103

tre sus manos la bula papal de la aprobación de la
Regla, mientras repetía: "Gracias, Dios mío, por haberme creado".

* * *

Continuando mi peregrinación, llegué al eremitorio
de Le Celle, junto a Cortona, también con gran carga
histórica. Los eremitorios eran unos lugares a donde
Francisco se retiraba por temporadas para orar en
silencio y soledad; y siempre estaban, y están, em-
plazados en elevadas alturas desde las que, invariablemente, se domina un valle espectacular.

Pasados aquí dos días me trasladé al eremitorio
de Montecasale, famoso por la historia de los ladrones, y con las mismas características panorámicas.
En sus bellísimos bosques y roqueríos permanecí tres
días. Y de allí me dirigí a la montaña sacrosanta del
Alvernia.

Alvernia es un monte solitario, salvaje, lugar
ideal para desplegar una existencia eremítica y
contemplativa, montaña poblada de altísimos abe-
tos, rocas formidables e innumerables aves, inclui-
dos los halcones. Avanzando por el borde de la montaña se llega a la cumbre más alta (1.300 m), a cuyos
pies se abre un panorama absolutamente glorioso. A
un lado está la gruta o cueva donde Francisco normalmente dormía, junto a un precipicio de rocas cor-
tadas literalmente en vertical. Bajando por unas
escaleritas se llega al Sasso Grande que, como una
mole imponente cubre, a modo de techo, un espacio
más o menos amplio a donde Francisco se retiraba
con frecuencia a orar.

* * *

A veces pienso que hemos nacido desvalidos sin otra
protección que la de otros desvalidos. Pero aquí su-

cedió otra cosa: el Hermano me había abierto de antemano una ruta de fuego; y, no contento con eso, ahora me extendía la mano para conducirme siempre hacia adelante y hacia arriba.

En estas seis semanas, mi comunicación, en general, habría de ser con Jesús. Pero en esta semana lo fue con Cristo pobre y crucificado, siempre en compañía del Hermano. Yo nunca había sentido devoción especial por Cristo Crucificado, no sé por qué, tal vez porque siempre me produjo horror contemplar heridas o sangre. Pero en este lugar Francisco había permanecido sumergido en los abismos del dolor y amor del Crucificado y aquí había recibido las llagas como abrasadoras descargas eléctricas.

Habiendo leído y meditado a fondo, y conociendo detalladamente lo que le sucedió al Hermano en esta montaña de la crucifixión, creí que había llegado el momento en que también yo comenzara a sentir el deseo de experimentar en mí el dolor y el amor que Jesús sintió cuando estaba en la cruz, participando así, de alguna manera, de la experiencia profunda del Crucificado, "teniendo los mismos sentimientos que Cristo Jesús". También yo deseaba ardientemente descender hasta los manantiales primitivos de Cristo Jesús, allá donde se funden el dolor y el amor, y así vivir la temperatura interior de Jesús en esas horas.

* * *

Todas las mañanas me dedicaba a meditar en las escenas de la Pasión, tomando un Evangelio por día. Iba yo *metiéndome* en las escenas, no sólo como un observador, sino también como actor. Todo me lo imaginaba vivamente: el semblante de los jueces, la gesticulación de los sanedritas, la actitud agresora del populacho... y, sobre todo, la serenidad del rostro de Jesús, el tono mesurado de sus respuestas...

todo ello como un reflejo de la profundidad de su amor.

Observé fijamente la cobardía de Pedro, pero no lo censuré, porque evocaba mis propias cobardías en contraste con la mirada de Jesús, una mirada indescifrable, cuajada de ternura y misericordia. Vi salir a Pedro a la oscuridad de la noche llorando amargamente. Me dio mucha pena.

En aquella noche de horror contemplé a Jesús en manos de la soldadesca; vilipendiado, azotado, escarnecido. No solté mis ojos en ningún momento del rostro de Jesús: un rostro de majestad, paz y amor de aquel que dijo: "Ustedes no me arrebatan la vida violentamente, yo la doy voluntariamente". Por eso en su rostro no distinguí ningún rictus de amargura, ninguna agitación, sino la serenidad del que se da voluntariamente por amor. Anotaba en un cuaderno las escenas y palabras que más me conmovían para profundizarlas por la tarde.

Lo observé en su subida al Calvario: parecía la aurora que sube irradiando luz. Destrozado, pero entero, como un cordero vestido de una infinita paciencia, revestido de una belleza que sólo del otro lado puede venir.

Asistí a la consumación. Una palabra me sumergió en un mar sin fondo: "Tengo sed". Pedí al Espíritu que "enseña toda la verdad", que me mostrara algo de lo que palpitaba en los abismos insondables de la temperatura interior de Jesús en ese momento, a saber: sufrir y amar, reducir el dolor a cenizas en la pira del amor, levantar sobre el mundo un holocausto final en que se fundieran en un abrazo para siempre el dolor y el amor.

En definitiva: la vida es más débil que la muerte; pero la muerte es más débil que el amor.

Fue una semana altísima.

* * *

Muy pronto me trasladé al valle de Rieti. Cuatro eremitorios, como cuatro centinelas, enmarcan y adornan el hermoso valle: Poggio Bustone, Greccio, La Foresta y Fontecolombo. En cada uno de los tres primeros y sagrados lugares pasé tres días. Fontecolombo sería otra cosa.

En este valle, uno de los preferidos del Hermano, habría de surgir en mí un impulso vital que no me ha abandonado hasta este momento. Este impulso ha estado entreverado de factores contradictorios. Por un lado, por estos días, comenzó a moverse subrepticiamente como un reptil en mis galerías interiores una sospecha que más tarde iría tomando forma de vacilación, hasta concretarse en una abierta hesitación. La duda era si yo estaría o no correctamente ubicado, instalado en el lugar acertado en cuanto al género de vida y vocación.

¿Hasta qué punto las aspiraciones profundas son signo de la voluntad de Dios? ¿No podría tratarse de misteriosas trasferencias o mecanismos compensatorios de frustraciones desconocidas en niveles también desconocidos? ¿Estoy o no en el lugar correcto?

Por otro lado, y a partir de esta época, fue ascendiéndome desde los niveles inferiores, al principio una comezón que, poco a poco, se transformaría en una fuerte propensión, hasta alcanzar, en algunos momentos, niveles obsesivos. Algo dentro de mí me arrastraba hacia la vida eremítica. Me gustaría vivir toda la vida en silencio y soledad, no como un anacoreta solitario (¿y por qué no?), sino al estilo del Hermano Francisco, en los altos eremitorios, tres o cuatro hermanos, todos ellos dedicados exclusivamente a la oración y contemplación.

He soñado, incluso, en la vida trapense. A lo largo de estos 27 años he pasado temporadas en cuatro monasterios trapenses de España. Me sentía muy a gusto, pero echaba de menos al Hermano Francisco.

El secreto anhelo, nacido en mí en 1970, nunca me ha abandonado hasta ahora. Pero en la época en que más persistente era el anhelo, ahí me estaba esperando el Padre imprevisible, una vez más, con un golpe de timón que echaría por tierra todos los sueños, como se verá.

Noche

Uno de los eremitorios que más ansiaba visitar era Fontecolombo, rincón sagrado, cargado de historia, donde el Hermano escribió la Regla en medio de agitadas crisis.

Llegué allí una mañana, y en la tarde del mismo día cayó sobre mí un ladrón nocturno. ¿Cómo llamarlo? La Noche.

Anteriormente, yo había leído y estudiado las experiencias o fenómenos espirituales descritos dramáticamente por san Juan de la Cruz y que los denomina *noche oscura del espíritu;* pero otra cosa es experimentarlos en la propia carne. Lo que yo viví en esos días eternizados, mejor dicho, infernales, lo he derramado ampliamente en varios de mis libros. Pero aquí voy a dejar algunos destellos, una vez más en lenguaje figurado.

Todos los tratados del psicoanálisis no llegan ni al umbral del misterio y quedan desbordados todos los parámetros de la psicología general. El barco hace agua por todas partes, y estamos en alta mar. No se ve nada, ¿No se ve nada o no hay nada?

El hecho es que, en esos interminables días, no sólo no sentía nada, no sólo todo me aburría y hasta me repugnaba, sino que podría repetir como Jesús en la crisis de Getsemaní: "siento tristeza de muerte". Dios está tan lejos, tan ausente, que ni siquiera sé si existe, ni me importa. Entramos, pues, en la zona tenebrosa de la nada.

* * *

Es como si uno descubriera, de pronto, que uno mismo es una mentira, que ha jugado a mentir consigo mismo, como en un juego de niños de quién engaña a quién, sabiendo que todos engañan a todos. Mejor dicho, se trataría de un desdoblamiento de personalidad, como si se descubriera que uno ha estado engañando al otro (pero ese otro soy yo mismo), y el otro ha estado engañando al uno, y los dos saben que engañan y son engañados.

Hemos abordado el tren sin sentido que se dirige a ninguna parte para recorrer todos los paisajes de la elusión. De día y de noche nos llegan los gritos que, desde el vacío, nos lanzan los fantasmas, y nos hallamos situados por debajo de los niveles del absurdo y de la tragedia.

Y aquí nos asalta un nuevo y trágico desdoblamiento entre el sentir y el saber: el sentir pretende engañar al saber; y el saber, sabiendo que se le quiere engañar, pretende, a su vez, convencer y engañar al sentir en un circuito alucinante. El sentir dice: todo es mentira. El saber dice: todo es verdad.

Es la tiniebla total. Llega un momento en que el único alivio y salida que queda es morir. Es la crisis del absurdo y la contradicción. No hay noche que se le pueda comparar. "Tempestuosa y horrenda noche", dice san Juan de la Cruz. Uno puede arrepentirse de haber conocido a Dios. Por hablar de una manera gráfica, uno puede llegar a sentir fastidio de Dios, diciendo: ojalá nunca lo hubiera conocido.

*   *   *

El alma sufre tal desconcierto interior que ni siquiera se da cuenta de que lo que sucede es por causa de Dios. Más bien tiene la sensación de que todo acaece por una fatalidad irracional, que Dios es nada, que uno ha sido asaltado y avasallado irremediablemente por una tempestad de demencia, por un repentino

109

acceso de paranoia y delirio. En los primeros momentos uno se siente como zarandeado en un loco torbellino, con muchas de las características de una profunda depresión, incluso con derivaciones somáticas, como insomnio, dificultad de respirar, y sin ninguna referencia a Dios.

Dios, en esos momentos, le produce tedio al alma, pero, a pesar de ello, no puede menos de invocarlo a gritos; pero, aun así, no hay ni un ápice de consolación.

* * *

Pero, cuando al cabo de los días, comenzó a amainar la tempestad, yo comencé a pensar, a modo de consolación, que lo que estaba viviendo era una prolongación de la agonía de Getsemaní, cuando una noche oscura se apoderó momentáneamente del alma de Jesús, y que estaba participando de aquella depresión crítica de Jesús. Tenía muy presentes las consignas de Jesús: mantenerse despiertos, orar, velar junto a Jesús, con Jesús, aunque mi alma esté desgarrada.

Al octavo día ya podía respirar. Comencé a hacer actos continuos de abandono. Aun así, no había consuelo. Al noveno día tenía que ausentarme necesariamente. Sentía terror de salir al mundo y no sabía por qué; así y todo, salté a la vida. Me sentí como un robledal por donde ha pasado una tempestad: temblando, traumatizado. Continué sintiendo durante muchos meses un oscuro temor de que aquello volviera a repetirse. Pero nunca más se repitió; y de esto hace ya 27 años. A lo largo de muchos meses fui regresando a la normalidad.

A estas alturas yo era feliz; digamos, estaba satisfecho de la vida, con unos objetivos claros y un trabajo marcado. No se me pasaba por la mente que pudieran producirse mayores alteraciones en mi entorno; me sentía como arribado a una tranquila ensenada. Sólo anhelaba ser un árbol en cuyas ramas cantara el viento y en cuyas hojas danzara el sol, y así respirar a la sombra del Altísimo hasta que cayera el telón.

Y, sin embargo, a partir de ahora todo estaba por comenzar; el Padre me iría abriendo una puerta tras otra, y, como costumbre, sorprendentemente. Continué por dos años con mis actividades normales en el Centro Franciscano, participando en numerosos encuentros nacionales e internacionales, impartiendo semanas de renovación, colaborando en *Cuadernos Franciscanos de Renovación*, revista de reflexión y difusión franciscana, que estaba alcanzando mucho prestigio en el ámbito franciscano. Y, sobre todo, estudiando y estudiando.

Escritor

En el año 1972 me dediqué durante un semestre a dar cursos de renovación conciliar en los monasterios de las Capuchinas de México. Con el bagaje de observaciones y claridades acumuladas durante esos meses redacté un amplio escrito, en el que, a partir de mis propias observaciones, desarrollaba y proponía, como borrador, un esquema de renovación para las instituciones contemplativas.

El P. Lázaro Iriarte, que había sido mi maestro muy estimado durante mis años de estudiante de teología, luego de leer mi trabajo, me aconsejó que lo ampliara sin inhibiciones para su difusión entre las religiosas contemplativas.

Comencé el trabajo. Efectivamente, fui ampliándolo; continué escribiendo y escribiendo hasta que resultó... un libro: *Muéstrame tu rostro*. Así se inició mi etapa de escritor, tardíamente, a mis 45 años, por casualidad, que es el nombre secular de la Divina Providencia.

Mirando retrospectivamente, y como a vuelo de pájaro, fui observando clarísimamente la ruta zigzagueante e inesperada por la que el Padre me fue conduciendo: una vez que yo había atravesado la etapa de la tribulación y de la consolación, y había llevado a cabo una terapia intensiva de purificación, una vez que había acumulado la sabiduría de la experiencia y disponía de alguna riqueza para compartirla con los demás, el Padre comenzó a abrirme las puertas y a ofrecerme oportunidades.

No habiendo sido un aplicado estudiante de teología, en estos cinco o seis últimos años me había zambullido a fondo en la teología divina y en las ciencias humanas. Estaba preparado. Sin embargo, *Muéstrame tu rostro* no fue otra cosa que una sistematización ordenada y ampliada de mi propia vida con Dios en las retiradas frecuentes y profundas, habidas en los últimos seis años, como ya lo he explicado en las páginas anteriores.

Aventuras y desventuras

Sin embargo, la redacción y edición de *Muéstrame tu rostro* no fue una empresa tan simple y descomplicada. A medida que lo iba escribiendo me di cuenta de que el material estaba resultando demasiado voluminoso. No tenía un esquema preestablecido, sino que iba entregando al papel, más o menos ordenadamente, el borbotón de intuiciones y experiencias vividas en el lustro anterior. A cierta altura, viendo las dimensiones del escrito, comenzó a acosarme un escuadrón de interrogantes.

¿No estaría haciendo el ridículo al escribir un grueso volumen, de espiritualidad, por añadidura, en una época en que lo espiritual no estaba precisamente en boga? Este intento ¿no será demasiado audaz o temerario? ¿Qué Editorial se arriesgará a editar un libro de espiritualidad de un autor completamente desconocido? ¿Y cómo costear la edición? ¿Y si, después de tanto riesgo, el libro no tuviera buena acogida? Estos interrogantes me paralizaban una y otra vez, y en tres o cuatro oportunidades dejé de escribir. Era el año 1973.

El hecho es que, en medio de ese mar de vacilaciones, finalmente di cima a la obra. Pero ahora tenía que enfrentarme con el desafío más temible: ¿cómo financiar la edición? ¿Y con qué Editorial? Cuando un autor ya ha alcanzado la fama, todas las editoriales disputan sus originales (también de esto tendría yo experiencia posteriormente); pero la *opera prima* de un autor desconocido en principio no le interesa a ningún editor.

Las editoriales ni siquiera se toman la molestia de solicitar los originales para examinarlos. Sólo les interesa la respuesta del público lector, es decir el éxito de venta del libro; y esto no es posible saberlo hasta que el libro esté en las estanterías de las librerías. Entre tanto, nadie quiere arriesgarse.

Y ahí tuve que andar yo, ¡pobre de mí!, de puerta en puerta en busca de un editor benévolo. Mas las puertas no se abrían. Pero como uno es pertinaz, no me di por vencido, y continué mendigando.

Finalmente, fui a dar en una minúscula imprenta de unas monjitas, quienes, de pura buena voluntad, se dedicaban a editar hojas parroquiales y otros impresos menores. También yo era un desconocido para ellas por aquel entonces, y tampoco ellas querían arriesgarse. Pero como yo seguía insistiendo, como suele decirse casi de rodillas, la hermanita que estaba a cargo de la imprenta sucumbió a la compasión y aceptó editar el libro.

*   *   *

Pero no todo acababa ahí. Quedaba el problema de fondo. ¿Quién subvencionaría la edición? Por entonces corrían malos tiempos en Chile; la inflación era muy alta. Pero sólo se necesitaban 500 dólares para editar el libro, que, sin embargo, no los tenía nuestra comunidad.

Por ese tiempo me desplacé a Lima para impartir cursos de renovación a varias comunidades religiosas, entre ellas capuchinas contemplativas. Sucedió que estas hermanitas acababan de vender algunos bienes inmuebles en el centro de la ciudad, que les pertenecían desde tiempos inmemoriales; de modo que ellas andaban voyantes de dinero por esos días. Al finalizar la semana, las hermanas se interesaron por mis proyectos, sobre los que les di una pormenorizada información, incluyendo, naturalmente, los problemas y apuros que en ese momento estaba atravesando para editar mi libro.

También ellas se compadecieron, y me ofrecieron 400 dólares, de los que no disponían en ese momento, pero que me podrían enviar en una semana más con una joven postulante que debía viajar a Chile para hacer su noviciado en Santiago.

El hecho es que esta avispada postulante, cuando se vio con semejante capital en las manos, desapareció, y nunca se supo más de ella.

Abatido y triste regresé a la minúscula imprenta de Santiago, para darle cuenta a la directora de mis desventuras e infortunios. Una vez más, la directora sucumbió a la compasión, y me prometió editar el libro de todas maneras, esperando que la deuda se iría liquidando con la venta de ejemplares.

En abril de 1974 salió a luz *Muéstrame tu rostro*, con una tirada de nada menos que 5,000 ejemplares. ¡Para fin de año se había agotado la edición, tan sólo en Chile! Por la fecha en que nos encontramos (1997) ya se han realizado más de cien ediciones de una versión reelaborada de dicho libro.

Encuentros de Experiencia de Dios

Era el año 1974. Me encontraba yo en São Paulo (Brasil) impartiendo a los hermanos cursos que se denominaban *Semanas de fraternidad y oración*. Afirmé incansablemente que sin Dios, no puede haber fraternidad.

Por ese tiempo, yo me sentía abrumado por una constatación: la ausencia y desvalorización de Dios en amplios sectores de la Iglesia latinoamericana, sobre todo en el ámbito religioso y clerical, en comparación y contraste con la sobrevaloración de la dimensión humana, psicológica, política y social del Evangelio. La secularización alcanzaba tales profundidades que, en realidad, podría hablarse de un ateísmo práctico; al menos, de hecho, se prescindía de Dios; y es claro que, en este contexto, la oración estaba completamente fuera de circulación.

Les hice a los hermanos una terrible radiografía, explicándoles que las leyes universales del corazón son: buscar lo agradable y desechar lo desagradable, simpatizar con el encantador y entrar en choque con el antipático, amar al amable y aborrecer al insoportable. Y continuaba preguntándoles: ¿cómo será posible poner perdón allá donde el instinto reclama venganza?; ¿quién podrá poner suavidad allá donde el corazón exige violencia, y dulzura allí donde había amargura?

Sin Dios no puede haber fraternidad. Para que haya fraternidad es imprescindible invertir antes las viejas leyes del corazón y realizar una revolución en los impulsos espontáneos del hombre. ¿Quién hará esta revolución? Alguien que venga de fuera y se instale en el corazón: Jesucristo.

Sólo Jesucristo puede causar tan grande satisfacción que compense el costo de tener que morir para amar. Sólo aferrados a un Jesucristo vivo se puede tragar saliva, callar, ceder, dejar pasar, tener paciencia... Ya pueden despedirse, les decía: sin Dios sólo nos amaremos a nosotros mismos, dando rienda suelta a todas las tendencias regresivas y agresivas del corazón. Y concluí diciendo: lógicamente hablando, esta semana debería llamarse *Semana de oración y fraternidad.*

Así las cosas, el P. José Carlos Pedroso, organizador de los eventos, me lanzó públicamente este quemante desafío: ¿No sería posible realizar una semana exclusivamente de oración? ¿Una semana en que yo me limitara a hablar de Dios y los oyentes a hablar con Dios?

Dicho y hecho. Por cierto, yo estaba en condiciones de hablar de Dios durante una semana, porque acababa de terminar un ordenamiento de ideas para escribir el libro; había revestido de carne mis propias intuiciones y explicitado mis vivencias y estudios. Estaba preparado.

Sobre la marcha estructuré unos objetivos, un temario, una pedagogía, elaboré un cronograma. En la semana siguiente se reunió una amplia congregación de hermanos y hermanas; y así es como se realizó el primer *Encuentro de Experiencia de Dios* (EED), que así se denominó desde el primer momento.

Se trataba de introducir a los participantes en una experiencia de Dios, de aprender a estar con Dios, porque con Dios todo es diferente, ya que con El los problemas comienzan a solucionarse por sí solos. Cada Encuentro duraba una semana.

A la semana siguiente, la Conferencia de Religiosos de São Paulo organizó el segundo EED, que contó con una asistencia masiva, en completo silencio y con una intensiva actividad orante.

A partir de esta fecha surgieron en torno a mí equipos organizadores, en un comienzo de religiosas, que promovieron y organizaron los Encuentros a lo ancho de ese inmenso país que es Brasil, donde actué a lo largo de cuatro años prácticamente ininterrumpidos, con asistencia mayoritaria de consagrados al principio, sobre todo de religiosas, y con el tiempo con asistencia casi exclusiva de laicos.

Objetivos y contenidos

Algunos decían: nada es nuevo, pero todo suena diferente. De acuerdo a la opinión de los asistentes, el Encuentro generaba una atmósfera peculiar; un entorno, un clima hecho de silencio e interioridad, que llevaba a los asistentes a una gran apertura consigo mismos y con Dios.

En muchos encuentristas se desencadena una gran liberación como efecto de una experiencia del amor gratuito de Dios, de la práctica del abandono, así como de otros elementos constitutivos del Encuentro, como la introspección, la concentración, la relajación. La música constituye un apoyo adicional importante para favorecer un ambiente de interioridad y de fe. Los horarios, apretados y exigentes, en lugar de constituir un obstáculo, a la postre dejan a los participantes la satisfacción del esfuerzo realizado. La variedad del programa rompe la monotonía, sin causar cansancio.

A lo largo de la semana, el participante del EED logra aceptar con paz los condicionamientos humanos de indigencia, insignificancia y precariedad, con lo que desaparecen las ansiedades y la angustia. El sol que preside y resplandece en la semana es el amor gratuito del Padre, a cuya luz desaparecen las obsesiones de culpa, el temor es desterrado, la angustia sepultada, y sobre el encuentrista amanecen la alegría, la paz y la libertad.

En resumen, un EED es un conjunto peculiar de mensajes y prácticas con los que se vigoriza la fe mediante la Palabra y se realiza una enérgica sanación mediante la vivencia del abandono, los asistentes se hacen amigos y discípulos del Señor mediante diferentes maneras de orar, y así regresan a la vida fuertes y alegres para integrarse generosamente, como Jesús, al servicio de los necesitados. Hay que marcar el acento en la palabra *experiencia,* pues de eso se trata fundamentalmente: de vivir un encuentro con Dios de una manera vital, variada e intensiva.

Estadísticas

He aquí una síntesis apretada: han sido 24 años ininterrumpidos aplicando EED en 29 países de tres continentes, con un promedio de 35 Encuentros anuales y una asistencia media de 250 personas por semana.

El número de Encuentros por año, así como el de participantes fue siempre variable: hubo años en los que llegué a impartir 45 Encuentros, mientras que otros años no pasaban de 25 o 30. La asistencia nunca fue menor de cien personas, y lo habitual era de varios centenares. Los EED en España, por ejemplo, nunca rebasaron las 200 personas, en general por la dificultad de encontrar locales adecuados;

mientras que en Fátima (Portugal) se alcanzó la cifra récord de 800 participantes, y lo habitual en Fátima era de 600/700 asistentes.

En los últimos años, el número de Encuentros impartidos por mí ha descendido notablemente; y esto en razón de las limitaciones que va imponiendo la edad y algunos problemas de salud. Por este motivo, preparé diligentemente a finales del año 1993 a 45 matrimonios de distintos países, entregándoles el mensaje y los contenidos de los Encuentros, para que fueran ellos los que los impartieran. Actualmente lo están haciendo en muchos países con mucho espíritu apostólico y gran competencia.

Para que la síntesis estadística se encuadre correctamente, me estoy refiriendo a los primeros 20 años de EED. En los últimos cuatro años he impartido entre seis y ocho Encuentros, más bien dirigidos a los Guías de Talleres de Oración y Vida.

En contraste, hemos introducido el sistema de Jornadas de Evangelización masivas y charlas cristológicas y para matrimonios.

* * *

Lo que afirmo a continuación podrá parecer exagerado, pero así es como sucedió: los muchos centenares de EED realizados a lo largo de estos 25 años han funcionado siempre al tope de asistencia, desde el principio al fin. Nunca hubo vacantes. Podríamos relatar escenas pintorescas de los primeros años, en que llegaban a las casas de retiro camiones cargados de colchones, y los participantes se instalaban como podían en cualquier rincón, dispuestos a sobrellevar con amor cualquier sacrificio o molestia.

En años más recientes, cuando ya todos los participantes eran laicos, se han impartido hermosos EED en grandes hoteles, casi siempre en óptimas condiciones de alojamiento.

* * *

En la medida en que fui depositando el estandarte de los Encuentros en manos de los *Matrimonios Evangelizadores*, he estado llevando a cabo en los últimos años, y en vistas a la promoción de los Talleres, otras tareas apostólicas.

En primer lugar, las *Jornadas de Evangelización.* Se trata de jornadas intensivas y prolongadas, de aproximadamente ocho horas de duración en días sábados. Estas Jornadas se llevan a cabo en recintos amplios, como gimnasios, estadios, con una asistencia superior a las tres mil personas, en general; y no pocas veces entre cinco y diez mil. No existe propiamente un temario fijo, sino que tanto yo mismo como la concurrencia nos damos una zambullida en el mar de Dios, un verdadero baño a lo divino, recuperando el encanto de Dios y la alegría de vivir.

No dejamos de hacer una vibrante y gozosa proclama del Señor Jesús; y todo ello matizando con música y cánticos; y, según nuestro estilo, reduciendo todas las enseñanzas a propuestas concretas y prácticas para la transformación vital.

* * *

Durante la semana impartimos *Charlas matrimoniales*, destinadas exclusivamente a matrimonios y novios, al anochecer, durante dos horas y en dos días consecutivos. De igual manera, en otros dos días de la semana, y con la misma duración impartimos *Charlas cristológicas*, para todo público, en locales con capacidad para aproximadamente dos mil personas, que suelen ser, en general, los participantes en estos dos eventos.

Estoy escribiendo estas páginas luego de llegar de una larga gira de cuatro meses en México, en la que en diversas ciudades se alternaron Jornadas de Evangelización y Charlas, con una asistencia, en total, de 110,000 personas, y entre ellas 15,800 parejas. En algunas ocasiones doy también charlas para sacerdotes. Todo ello contribuye a promocionar y consolidar los TOV.

Fatiga, rutina

Innumerables veces se me ha hecho esta pregunta: ¿Cómo no se cansa con un ritmo tan intenso de actividad, y tanto desplazamiento de una ciudad a otra? En el transcurso de los años se ha operado en mí, casi invariablemente, el siguiente fenómeno: en el instante mismo en que acaba un Encuentro y cae el telón, se genera en mí, como por un resorte automático, un descenso vertical como una caída de tensión, como si quedara abatido y demolido por la fatiga. Cualquier persona que me observara en esos instantes, pensaría que estoy fuera de combate. Pasan 24 horas, y me encuentro como nuevo, con todas las energías recuperadas y en disposición de iniciar el Encuentro siguiente como si lo hiciera por primera vez; y así semana tras semana. Sin duda, se trata de una capacidad especial de recuperación que me ha concedido el Padre.

También me ocurre otro fenómeno, que generalmente se me produce en los atardeceres. En esos momentos me siento con frecuencia realmente ˝acabado˝, sin ánimo de pronunciar una palabra. Llega la hora de la exposición doctrinal más importante del día, y me invade una pesadez insoportable. Comienzo la exposición, y a los pocos minutos ya voy sintiéndome normal, y, de una manera imperceptible, voy levantando el tono hasta llegar a la cúspide más vibrante de inspiración. ¿Cómo explicar esto? No lo sé. ¿Factores psicosomáticos? ¿Quién podría asegurarlo? Sin duda, una vez más, actuaciones fuera de serie del Padre amado.

* * *

Por lo demás, es necesario hacer una distinción: hay un cansancio que incide en la garganta, los pulmones, el corazón. Pero puede existir otra clase de cansancio que técnicamente podríamos calificar como fatiga mental, cuyos síntomas suelen ser un descontrol nervioso, insomnio, inapetencia, abatimiento generalizado y profundo, todo lo que hoy denominamos con la palabra *stress*. Si esto se diera en mí, hubiera sido completamente imposible continuar con el ritmo de 30 o 40 semanas seguidas y con grupos tan numerosos. Pero tampoco me ha visitado esta clase de cansancio. A veces tengo la sensación de que el Prodigioso me ha traído de milagro en milagro por largos años.

Hay, sin embargo, un fenómeno que supera todas las normalidades psicológicas y todos los parámetros humanos: la rutina. ¿En qué consiste? Todo lo que se repite se gasta; lo que se gasta, cansa; lo que cansa, pierde novedad e interés. Es una ley universal que incide sigilosamente en toda actividad humana, en toda profesión o institución...

Cientos de semanas, siempre trasmitiendo un mismo mensaje, aunque sea con expresiones diferentes, con públicos semejantes, siempre el mismo horizonte, idéntico programa... ¡no puede ser! Una persona normal inevitablemente tiene que caer en la monotonía, el aburrimiento, el hastío, la impotencia, el cansancio mental; en fin, la rutina.

Es difícil de creer, pero estoy en condiciones de afirmar ante el cielo y la tierra que cuando doy inicio a un nuevo Encuentro, aunque lo haya entregado quinientas veces, lo hago como si fuera la primera vez: la misma novedad, ilusión y pasión. Todo es nuevo para mí. No sólo eso; cada meditación resuena en mi corazón como si de la primera vez se tratara.

Contra corriente

Han sido 24 años locos, saltando de un país a otro, de un Continente a otro, siempre rodeado de multitudes, aclamado, casi transformado en un mito. Cualquiera podría pensar que me he sentido realizado, pletórico, dichoso. Sin embargo, los lectores se llevarán una gran sorpresa si les digo que nunca me sentí bien en ese torbellino. Más aún: no fui yo quien eligió esta vida. Simplemente, me dejé llevar, y a regañadientes.

Mis aspiraciones más profundas iban en otra dirección, las ilusiones de mi alma eran otras. Como dista el oriente de occidente, así era la distancia entre la vida que llevaba y la que hubiera deseado llevar. Me siento mejor en la soledad que en el tumulto; mejor desconocido que aclamado; mejor como un ermitaño que como un pregonero itinerante.

* * *

Cuántas veces he deseado y soñado que el Señor, con signos inequívocos, me hubiera dicho: ¡Basta ya, hasta aquí llegamos! Por ejemplo, me decía, cuando comience a disminuir la asistencia a los Encuentros, cuando en las casas de retiro comience a haber vacantes... será la señal del "basta ya" del Padre; y ardientemente deseé que eso sucediera (y no porque me sintiera cansado); pero no sucedió, sino todo lo contrario: la demanda era cada vez mayor, y tuve que continuar.

No siento ninguna emoción, ninguna satisfacción sensible por los resultados brillantes, por la aclamación de las multitudes o por los elogios. Todo eso me deja frío. Pero es Dios mismo quien me abre las puertas, y coloca detrás de mí corrientes caudalosas de gente hambrienta de Dios; y no me queda otro remedio sino lanzarme a la corriente y meterme en el fragor de las multitudes, en contra de mis gustos e inclinaciones, y ¡ay de mí si no lo hago!

A mí también, como al profeta Ezequiel, Alguien me tomó del cabello, me levantó por los aires y me condujo a la torrentera tumultuosa donde se juega el destino de los hombres, y ahí me dejó en medio de las bravas corrientes. Y no sé cuándo me sacará.

Por lo demás, no puedo salir de su cauce hasta recoger el cereal para los hambrientos y exprimir los mejores racimos para dar de beber a los sedientos.

Pasión y drama

Cada Encuentro es único e inédito, y aunque se haya repetido cientos de veces, cada Encuentro es una nave, con su singularidad, drama y características; y conducirla al puerto de la salvación con su fruto maduro y el trigo dorado constituye una empresa siempre arriesgada y siempre original.

Cada semana era una subida por pendientes pedregosas, y nunca dejó de ser para mí pasión y muerte.

Hay quienes llegan al Encuentro enteramente dominados por la atrofia espiritual: se ponen a orar y sienten que están soltando palabras en el vacío, como si no tuvieran un interlocutor.

Otros llegan agobiados por graves problemas, triturados por heridas recientes, enredados en mecanismos de defensa o atrapados entre las garras de la angustia. Sufren tanto... Hay quienes llegan en un estado normal y bien dispuestos, pero de entrada experimentan pesadamente las típicas dificultades de la adaptación, porque la programación no deja de ser dura y exigente; fuera de que, también para mí, el primer día, invariablemente, resulta de por sí muy pesado.

Hay quienes no acaban de entrar en el espíritu del Encuentro o lo hacen al final, y no se sabe si es cuestión de voluntad o se trata de ese misterioso entresijo entre la gracia y la naturaleza, o simplemente de aquellos imponderables intrapersonales. Yo percibía la situación una y otra vez, y la sufría en mi propia carne. Finalmente, nunca faltan, aunque son pocos, quienes definitivamente no se encuentran con Dios, y regresan a sus casas igual o peor que cuando entraron. No queda otra salida que entregarlos en las manos del Padre, y quedarse en paz.

* * *

Puedo afirmar, sin afán de dramatizar, que cada Encuentro es efectivamente un drama. Cuántas veces pude constatar el contraste entre la impotencia humana y la omnipotencia de la gracia. Pero la gracia no se puede manipular: uno quisiera solucionar la situación ahora mismo, pero, al parecer, la hora de Dios no era ahora.

Hay grupos que son una delicia de principio a fin, por su respuesta pletórica. Hay otros que prometen mucho al primer golpe de vista; pero pasan los días, y los resultados no son proporcionales a las promesas. En la inmensa variedad de las reacciones humanas, tanto a nivel personal como colectivo, el caso más frecuente es el de los grupos fríos y reacios a la entrada, poblados de dificultades y aprensiones. En esos casos, uno saca los registros más agudos, pone en juego toda clase de resortes humanos y divinos, eleva al máximo la temperatura, y el grupo acaba por entregarse incondicionalmente, hasta con lágrimas en los ojos. Qué maravilla.

* * *

125

En los últimos años he ido menguando en la intensidad del seguimiento de los grupos, así como en la atención individualizada, debido a las limitaciones de la vida. Pero, durante muchos años, yo seguía con alta tensión la marcha de los grupos y de cada persona, porque en todos los tiempos libres atendía personalmente a todos los participantes de los Encuentros que lo solicitaban.

Todas estas alternativas dolorosas, padecidas y compadecidas por mí ("¿Quién sufre que yo no sufra?"), implicaban el peso de una responsabilidad, que, al final, era el peso de una soledad. Uno está ahí para solucionar los problemas de los demás y consolarlos, pero a uno ¿quién lo consuela? Sin Dios, no queda otra alternativa que estallar.

Metido en una aventura no buscada, incapaz de enjugar tantas lágrimas, asediado con frecuencia por el desaliento y la impotencia, e, incluso, por la desolación, ¿cómo no desear que esta aventura llegara a su término? No quedaba otra salida que cerrar los ojos, reclinar la cabeza en Sus Manos y... dormir.

Condicionamientos limitantes

Número.- No cabe duda de que el número de asistentes a los EED era excesivo, por no decir exorbitante. Por ejemplo, una asistencia semejante para los Ejercicios Ignacianos sería aberrante e imposibilitaría cualquier provecho. Pero si tenemos en cuenta la estructura y metodología de los Encuentros, la cosa es distinta.

Aun así, en numerosas ocasiones, decidimos tomar alguna medida para limitar el número de participantes, pero las demandas eran tan numerosas y apremiantes... Una y otra vez me puse en Su presencia para preguntarme: ¿qué está queriendo decir Dios con este fenómeno? ¿Cuál es su voluntad? Y de arriba me venía una claridad: al parecer es El quien me ha colocado en esta encrucijada.

En aquella época, los sacerdotes y religiosos habían experimentado un profundo vaciamiento de la dimensión divina que, al menos en muchos casos, había reducido al mínimo el espacio existencial para Dios.

Era el momento justo y urgente de gritar y proclamar sin atenuantes el absoluto de Dios: desde siempre y para siempre Dios *es*. Sin Dios, nada tiene sentido. Con Dios todo es diferente. ¿Qué sentido tiene un hombre de Dios sin Dios? En el primer momento yo no tenía un objetivo explícito ni un esquema claro. De una manera impulsiva y oscura me sentía llamado a afirmar la primacía de Dios. Si se me permite una expresión demasiado pretenciosa diría que yo me proponía *defender* a Dios.

¿Conclusión? En ese momento en que pareciera que estuviéramos ante un eclipse de Dios, ¡bienvenidas sean el mayor número de personas posible para recordarles una verdad eterna: "Escucha, Israel, no hay otro Dios que Yahvé Dios"!

* * *

¿Autoritario?- ¿Cómo es posible tener a 500 personas durante seis días en completo silencio y en un alto nivel de concentración? Quien no haya asistido a un Encuentro difícilmente podrá imaginarlo.

Peor todavía: en la década de los sesenta, esta clase de retiros no sólo eran inusuales, sino que en el contexto postconciliar parecían aún menos indicados.

Después del Concilio comenzaron a organizarse innumerables congresos, jornadas de estudio, retiros *abiertos*, cursos de psicología..., en los que todo se reducía a mesas redondas, reflexiones en grupo, puestas en común.

En medio de esta algarabía, me presenté yo exigiendo rotundamente el silencio y la concentración.

127

Era demasiado. ¿Cómo conseguir este clima? En los primeros años mi nombre tomó aureola de mito; y mucha gente acudía a los Encuentros por curiosidad.

Desde el primer momento yo me encargaba de volatizar ese mito. De entrada, adoptaba frente a la concurrencia una postura distante y exigente, con aires de un hosco temporal, sin concesiones a la galería. Todo ello causaba en los asistentes una impresión negativa, dejándoles mal sabor de boca. Pero así el público tomaba conciencia de que por mí no valía la pena haber asistido. Esta actitud, creo, no la tomaba yo de una manera premeditada, sino instintivamente. El hecho es que el primer día yo sentía a los asistentes como en mi contra. Desde el segundo o tercer día, los participantes iban entregándose.

* * *

Si la concurrencia se mantenía dispersiva y distraída, yo no trepidaba en sacar el registro fuerte, con aires de Sinaí, con destellos de amenaza, ahora sí, autoritariamente.

Por lo demás, hay que tener en cuenta que en mi personalidad hay carencias y vacíos. Yo no hubiera servido de ninguna manera para político, y menos para diplomático. Me tiene sin cuidado caer bien o mal. No muevo un dedo para agradar a los oyentes. Digo lo que creo que debo decir sin concesiones, sin atenuantes.

En el trato privado tampoco tengo ningún encanto personal; no tengo el carisma de causar agrado. Siento que las personas que entran en un primer contacto conmigo no quedan con buen sabor de boca. No tengo simpatía alguna.

Además, soy notablemente tímido (esta es, me parece, la razón de no causar una buena impresión), y bastante retraído. Y ello contribuye a que no tenga mayor encanto personal.

Mi memoria es pésima, especialmente para nombres. De pronto, se acerca a mí la persona más amiga del mundo, y no recuerdo su nombre. En resumen, valgo muy poco. Pero no me avergüenzo de ello, ni mantengo el más mínimo atisbo de hostilidad conmigo mismo. Estoy contento de ser como soy. Estoy en paz conmigo mismo.

El Padre me ha señalado un destino, y para cumplirlo a cabalidad me ha dotado de una personalidad estructurada con unas pocas cualidades y muchas carencias. Fue lo mejor. Todo está bien.

* * *

¿Hostilidad?- ¿Quién que se meta en un campo de batalla no va a recibir heridas? ¿Dónde está el hombre que, colocado en un plano elevado, no sea blanco fácil de los disparos de quienes están en el llano? El "ay de los vencidos" fácilmente puede convertirse en "ay de los que triunfan".

Es una historia vieja y sagrada que retorna y se repite cíclicamente: el Enviado se torna rápidamente en destinatario de las piedras, puyas y toda clase de insultos; es arrastrado por las calles, escarnecido y, finalmente, entregado a la cruz.

Yo apenas he sido un profeta menor, pero también he sido objeto de contradicciones, incomprensiones, medias verdades, especialmente en los diez primeros años. Por cierto, todo eso duerme desde hace mucho tiempo en la región del olvido.

Por lo demás, muchas de aquellas críticas eran razonables, y me ayudaron a madurar, pulir temarios y programas. Las únicas críticas que me molestaban era las que procedían de quienes no habían asistido a los Encuentros ni habían leído mis libros. Hablaban *a priori*, sólo guiados por prejuicios. Pero debo reconocer que, en general, y desde su punto de vista, no dejaban de tener razón en muchos aspectos.

* * *

Efectivamente, en los primeros años yo pecaba de *verticalismo* (por la ley de las compensaciones), porque el mundo clerical y religioso pecaba, creía yo, de *horizontalismo*, bastante radical, por cierto. Era un conjunto alarmante, me parecía a mí de sociologismos, psicologismos, secularismos y temporalismos. En este contexto, Dios era para muchos poco más que una pura abstracción.

Debo reconocer que, como un nuevo Judas Macabeo, desenvainando la espada, arremetía yo con furia sagrada contra todos los ídolos que, con diferentes nombres, se erigían como sustitutos de Dios. Levantaba la voz, como un nuevo Jeremías, contra todos los intentos de reducir el misterio viviente y personal de Dios a un montón de abstracciones.

Dolorosamente yo tenía conciencia de haber sido colocado en un agitado torbellino, en la dura alternativa de ser la conciencia crítica de la situación espiritual de aquellos años; quería garantizar a Dios un espacio existencial en la vida sacerdotal y religiosa. Levantaba apasionadamente la voz, daba sablazos a diestra y siniestra contra todos los ídolos que se llevaban las preferencias que sólo a Dios corresponden, con peligro de universalizar también yo los defectos y marcar los contornos con un nuevo radicalismo.

Era inevitable la reacción de los aludidos. No fui un hombre moderado que busca el equilibrio y la síntesis. Para el fin de la primera década, sin embargo, yo había ido eliminado poco a poco cualquier forma de agresividad verbal, y a partir de ahí sólo me dediqué afirmar el absoluto de Dios, sin atacar a nadie.

* * *

Entre todos los críticos, hubo un grupo cuyo rechazo me dolía de una manera especial: eran los partidarios de la Teología de la Liberación. En mis andanzas por tantos países de América Latina, yo había conocido personas o grupos que absolutizaban las tendencias liberacionistas, con una mentalidad y praxis tan secularizadoras que no se percibían mayores diferencias entre ellos y cualquier luchador social; y estaban llevando a cabo una reducción del Evangelio a los valores puramente temporales, vaciándolo de su contenido original, casi como si dieran por un hecho que la "religión es el opio del pueblo".

Dije que ese rechazo me dolía especialmente porque yo, desde siempre, incluso antes del Concilio, había sentido una atracción apasionada hacia el apostolado obrero y la liberación social, por una sola razón: ésa fue la opción de Jesús.

En efecto, en una sociedad clasista, Jesús optó por los marginados, y en una sociedad puritana se comprometió con los excomulgados de la sinagoga. Si pusiéramos a un lado a los esclavos de la ley, los justos y los piadosos, la gente culta y civilizada... y al otro lado los adúlteros, ignorantes, pendencieros, ladrones y prostitutas, Jesús hizo opción preferencial por estos últimos. Jesús se situó en la periferia y se dedicó preferentemente a los marginados social, religiosa y políticamente. Este es el Jesús que nosotros hemos presentado con claridad y pasión, tanto en los Encuentros como en los Talleres, señalando las líneas de acción que de ahí se derivan.

Ciertamente, ellos no hicieron una propaganda sistemática y negativa en mi contra. No se me opusieron frontalmente ni me hostilizaron de manera abierta, sino que me ignoraron, me hicieron un vacío completo. Hicieron correr, primero en Brasil y luego en los demás países de América Latina, una imagen negativa en el ámbito clerical y religioso, afirmando que mi actividad apostólica *ya era*, como se decía entonces popularmente, es decir, que se trataba de algo pasado de moda, fuera del tiempo, un mensaje alienante. A pesar de todo, los Encuentros siguieron funcionando al tope.

Los colaboradores

En este movimiento de multitudes que, semana tras semana, vibraban con los Encuentros, naturalmente, el héroe era yo. La realidad, sin embargo, era otra. Los verdaderos héroes, silenciosos y anónimos, fueron, durante 24 años, los Equipos Coordinadores. Durante los 10 primeros años, los componentes de estos Equipos eran siempre religiosas, presididas por un Responsable principal. Más tarde los Equipos estarían integrados por Guías de Talleres; en ambos casos, siempre mujeres.

Allí donde se necesite sacrificio, desinterés y perseverancia, allí están ellas. En aquellas empresas evangélicas que requieren compromiso vital y entrega, las mujeres ocupan siempre la primera fila. Al recorrer tantos países he podido comprobar con mis propios ojos que la vanguardia de la Iglesia, la Iglesia pobre y difícil, está constituida por religiosas. Son ellas, las mujeres, las que poseen especialmente la capacidad del sacrificio silencioso, de la donación gratuita, y lo hacen con tanta naturalidad... Todo esto lo he podido observar también personalmente, y no sin emoción, en el trabajo silencioso y heroico de millares de hermanas (laicas) en los Talleres de Oración y Vida a lo largo de estos doce últimos años.

Es una afirmación gloriosa y una verdad de granito lo que nos dice Teresa de Calcuta: "Ningún hombre se acerca, ni de lejos, al amor y compasión de que es capaz una mujer".

* * *

No hay palabras, no es posible ponderar, ni siquiera aproximativamente, el trabajo desplegado por mis colaboradoras en estos 24 años, tan silenciosamente, tan eficazmente, en el mayor anonimato, con un enorme espíritu de fe.

Es difícil imaginar los miles de detalles, con dificultades y contrariedades de todo género muchas veces, que supone la organización de cualquier semana con 300 o 400 participantes, cualquier Jornada de Evangelización con 5 mil o 6 mil personas y más, o charlas matrimoniales para 2 mil o 3 mil parejas.

Antes de arribar al lugar señalado, ellas habían tenido que dar respuesta a centenares de cartas y llamadas telefónicas, y afrontar inscripciones, contrainscripciones, cupos, problemas con las casas de retiro, gimnasios, etc.

Para cuando yo llegaba al lugar establecido, todo estaba preparado, funcionando a la perfección por obra y gracia de la generosidad sin límites de mis colaboradoras.

Desde aquí mi homenaje de eterna gratitud para todas ellas.

Libros

Voy a ofrecer aquí algunos pocos pormenores históricos e íntimos de algunos de mis libros.

Los cinco primeros –aparte de *Muéstrame tu rostro*–, fueron escritos en medio del fragor de los Encuentros. En los escasos momentos libres, y con frecuencia en espacios de tiempo robados al sueño, entregaba al papel las observaciones, análisis, vivencias e intuiciones que asomaban a mi alma. Cada año volvía a mi pequeña fraternidad, para un descanso de dos o tres meses. En ese espacio de tiempo ordenaba, ampliaba y documentaba mis propias observaciones de la vida; y el resultado era un libro a la imprenta.

* * *

El silencio de María.- En el año 1975 se organizó y llevó a cabo en un teatro de São Paulo (Brasil) como preparación para Navidad, un ciclo de conferencias marianas durante tres días, que estuvieron a mi cargo.

Ya he descrito más arriba la historia íntimamente dramática de mi relación con María. He explicado que aquella mujer aureolada y endiosada que nos presentaban en las clases de mariología no me convencía, porque la encontraba irreal y poco humana. He puntualizado también mi íntima contrariedad, en los primeros años de sacerdocio, al tener que proclamar afirmaciones con las que no estaba de acuerdo; y de qué manera, bastantes años después, Dios me concedió la gracia de encontrarme con María a través del prisma de la espiritualidad de los *anawim*.

Al terminar el ciclo de conferencias marianas de São Paulo, las Hermanas Paulinas de la ciudad se ofrecieron a editar inmediatamente las charlas, tal como yo las había pronunciado. Les respondí que esperaran un poco para ampliar el material hasta transformarlo en un libro cabal sobre María. Y así se hizo.

En los primeros meses del año 1976 se editó simultáneamente en varios países *El silencio de María*. También este libro supera ampliamente el centenar de ediciones en siete idiomas. Todos mis otros libros han llevado un ritmo similar de ventas, aunque hay uno que los sobrepasa a todos: *Del sufrimiento a la paz*.

* * *

Sube conmigo.- Para este momento (1978) había acumulado un bagaje voluminoso de observaciones acerca de los problemas y dificultades que se presentan en toda convivencia, tanto en las comunidades religiosas como en los grupos familiares. Iba sintiendo desde años atrás una urgencia acuciante por entregar algo que ayudara a los grupos humanos y religiosos a solventar sus conflictos y dificultades.

El título *Sube conmigo* está inspirado en el primer verso de las *Alturas de Machu-Pichu*, de Pablo Neruda, que comienza así: "Sube a nacer conmigo, hermano". Justamente porque fue escrito a contra reloj, a toda prisa, *Sube conmigo* está, en cierto sentido, incompleto: el libro entra a fondo en las relaciones interpersonales, pero faltó tiempo para abordar la dimensión comunitaria.

Aun así, cuando la gente me pregunta: cuál considera usted que es el mejor de sus libros, en primer lugar hago esta observación: a ninguna madre se le puede preguntar a cuál de sus hijos prefiere; pero luego agrego, sin vacilar, que *Sube conmigo* es, a mi parecer, el más logrado técnicamente de mis libros, por su estructura interna, su estilo transparente, su practicidad, distribución equilibrada del material, lógica vital, e incluso por lo reducido de su tamaño. Salió a luz en el año 1978, y sobrepasan también las cien ediciones.

* * *

El Hermano de Asís.- Tenía que escribir algo sobre san Francisco. Era un imperativo que me brotaba desde las raíces, y no porque yo perteneciera a un Centro Franciscano, ni porque fuese miembro de la Orden Franciscano-Capuchina, ni siquiera por mi amor y admiración por el Pobre de Asís. Era otra cosa.

135

¿Un parentesco? No, más aún. Algo así como una identificación de armónicas profundas de un espíritu con otro espíritu. No ha habido en la historia de la civilización ni en la de la Iglesia otro hombre con quien mi alma se haya sentido tan identificada, en una vibración tan total como el Hermano de Asís. ¿Cómo lo calificaríamos? ¿Sintonía? ¿Misteriosa empatía? No lo sé; sólo sé decir que yo necesitaba decir una palabra sobre el Hermano. Era una necesidad.

En alas de la ilusión, y con un cierto nerviosismo, me senté a la mesa para dar comienzo a la tarea. La primera semana fue un pequeño Calvario. Al releer las veinte primeras páginas, me decía a mí mismo: "No es esto". Buscaba otra cosa, algo diferente, pero ¿qué?, ¿cómo? Lo escrito se parecía a un artículo, un estudio, con citas y todo. Así que, ni corto ni perezoso, rasgué todas las páginas y las arrojé al canasto de los papeles.

Volví a comenzar, tanteando estilos, caminando por terreno movedizo, vacilante... Acabé el capítulo primero. Estaba mejor, pero aun así quedé íntimamente insatisfecho. Al abordar el capítulo segundo, creí haber encontrado lo que buscaba. ¿Qué era?

Se trataba de un Francisco que de alguna manera había pasado por mi vida y mi propia experiencia. Una *memoria* viva. Hay que tener en cuenta el subtítulo del libro: *Vida profunda de san Francisco;* si es verdad que yo seguía rigurosamente paso a paso los datos históricos de los biógrafos primitivos, mi secreto empeño era explorar su itinerario interior.

No me proponía escribir una biografía técnica sobre Francisco de Asís, sino acompañarlo en el camino de su ascensión a Dios, no como un frío observador, sino como un contemplador comprometido.

* * *

¿Cómo denominarlo? ¿Biografía recreada? ¿Historia revivida? Se trataba, en todo caso, de caminar sobre bases –repito– rigurosamente históricas, pero proyectando sobre ellas mi propia vida y experiencia, esto es, recreándolas y revistiéndolas con mis mundos interiores. Bien podría afirmar que, entre todos mis libros, *El Hermano de Asís* es el más *mío*.

Mientras lo escribía tuve también la sensación nítida de estar presentando un ideal de vida, un código de felicidad, diametralmente opuesto al ideal hedonista de la sociedad de consumo.

Me costó mucho dar a luz el capítulo de la Gran Desolación, encontrando, por fin, el desenlace buscado en la entrevista con Clara.

Pero en la travesía general, me salió al encuentro una criatura inesperada: el miedo. Efectivamente, se apoderó de mí un temor reverencial por abordar la escena de la noche de la estigmatización. Después de escribir copiosas páginas sobre el mes de Alvernia, cuyo desenlace final y coronamiento sería la impresión de las llagas, un sagrado terror se me enroscó en la garganta, y me paralizó; dejé a un lado esa escena y continué escribiendo hasta los últimos días del Hermano y su bienaventurado tránsito. Pero faltaba la noche de las llagas.

Disponía de un día libre porque los asistentes al Encuentro se habían ido al *desierto*. Era en Caracas. Desde la mañanita me encontré en los niveles más profundos del alma de Francisco, y, pidiendo una asistencia especial del Espíritu Santo, me zambullí en la temible escena... y, para las cuatro de la tarde todo estaba consumado.

*   *   *

Del sufrimiento a la paz.- Desde hacía largos años estaba yo deseando hincarle el diente a este hueso duro.

El paso por la vida me permitió encontrarme, cara a cara, con la silueta negra del sufrimiento en

137

cualquier encrucijada del camino. Es un río cauda-
loso que atraviesa pesadamente la geografía de la
humanidad de parte a parte.

Se trata de un libro apasionado, porque la propia materia y contenidos del libro son apasionantes.
Por lo que oigo decir, es el libro que más consolación
ha aportado, más liberación ha producido y más angustia ha eliminado; en fin, un libro que ha aportado
vasos de alivio y copas de bienestar a individuos, matrimonios y familias. Y es eso lo que yo buscaba al
escribirlo.

A pesar de que, en su redacción, muchas veces
me dejé llevar por la emoción, procuré colocar, a lo
largo de sus páginas, una doble viga maestra: diag-
nóstico y terapia. Y me esforcé por imprimir al libro
un carácter eminentemente práctico, de tal manera
que *Del sufrimiento a la paz*, por sí mismo, pudiera
constituir una ayuda eficaz para disminuir o elimi-
nar cualquier sufrimiento.

Este libro no fue escrito con apremios, como los
demás. Tuve tiempo suficiente para estudiar a fondo
materias que ya venía abordando desde años atrás,
como la biología molecular, la etiología de la depresión, diversos ángulos de antropología general.

A pesar de que el libro no es de carácter religioso, lo escribí *de rodillas*, como quien escribe un evangelio redentor. Hubo capítulos –como el de la depresión– que fueron redactados con acompañamiento
de mucha oración, y depositados simbólicamente en
el altar para que atrajeran prodigios de liberación
sobre los abatidos por la tribulación.

No pocos psiquiatras del ancho mundo reco-
miendan a sus pacientes, como receta para una terapia de liberación, *Del sufrimiento a la paz*. Por lo
que he podido saber, al menos en tres ocasiones el
Santo Padre Juan Pablo II ha enviado personalmente este libro, con una dedicatoria, a tres personas en
diferentes circunstancias y lugares.

En fin, puedo afirmar que éste es el libro que más consolación me ha aportado, al escuchar innumerables testimonios de personas que, a veces con lágrimas en los ojos, aseguraban deber su liberación de muchos sufrimientos a este libro. Queda por escribir aún una segunda parte, que llegará a su debido tiempo, con la ayuda de Dios.

* * *

Encuentro.- Según nuestros cálculos, se han editado ya más de un millón de ejemplares de este librito. Es frecuente encontrarlo en la cabecera de la cama de los enfermos, en los hospitales.

Fue mi intención elaborar un Manual de Oración, un pequeño pero completo vademécum en el que no faltara ni sobrara nada; un libro que contuviera una gran variedad de oraciones para cualesquiera circunstancias o emergencias de la vida; y que, al mismo tiempo, ofreciera al lector modalidades diversas y prácticas para relacionarse con Dios, expuestas de una manera sintética y clara, así como orientaciones pedagógicas para la actividad orante.

Incluí varios poemas compuestos por mí, y pude entregar un Manual breve y completo a los orantes en su ascensión a Dios.

* * *

El Pobre de Nazaret.- Este sí que fue un audaz desafío. Se ha escrito tanto sobre Jesucristo a lo largo de los siglos que el sólo hecho de sentarme a la mesa y tomar la pluma para emborronar unas líneas al respecto me sonaba a una peligrosa temeridad. El instinto me aconsejaba quedarme tranquilo, y me susurraba: "Mejor es callar". Pero, contra todas las normas de la mesura y de la circunspección, el Espíritu hizo surgir desde los últimos niveles de mi conciencia un impulso irreprimible por asomarme a los mundos interiores de Jesús, y decir algo, porque, en verdad, tenía algo que decir.

Desde los días de mi juventud, Jesucristo había sido la pasión única y el centro de gravedad de mi vida. Muchas veces yo mismo me había lanzado a mí mismo un desafío quemante: no puedo morir sin decir una palabra sobre El.

Llegó la hora. ¿Y qué hacer? ¿Cómo hacer? Me dije: no un libro lleno de citas, erudición exegética y elucubraciones cristológicas. De la misma manera y aun mucho más que con *El Hermano de Asís* transpiré hasta la angustia por acertar con un estilo original y diferente.

Pero ¿cómo decir algo original y no caer en lugares comunes tratándose de un tema tan *resabido* como Jesucristo? El problema y el desafío era el siguiente: hay que asomarse a los abismos insondables del misterio personal de Cristo, para atrapar, o mejor, capturar allí algo de su riqueza inescrutable, y transmitirlo a los demás con palabras comunes.

Comencé a dar cuerpo a este intento, y me encontré con una impotencia radical: el lenguaje común, el discurso lógico no valen para reflejar y transmitir algo de aquel mundo inefable, y por inefable, imposible de traducir con palabras comunes o malabarismos gramaticales; así que no cabe otra alternativa que sugerir, evocar, dejar en el aire un *"no sé que"*, sin decir; dejar en el aire una resonancia capaz de provocar como un eco lejano e indescifrable que no se entiende, pero dice mucho más que si se entendiera.

* * *

Ahora bien, para evocar los mundos interiores, para reflejar los pozos misteriosos de la riqueza insondable de Jesús sólo sirve el lenguaje figurado, poético,

140

metafórico. Y eso es lo que hice en numerosos pasajes del libro: insinuar, aludir, dejar flotando en el aire un *no sé qué* con un lenguaje sugestivo y poético.

De alguna manera tuve que entrar en el recinto interior de Jesús, y hablar (escribir) con los sentimientos del Señor: ¿qué resonancias, que vibraciones se desencadenaban en el espíritu de Jesús cuando pronunciaba éstas o aquellas palabras, cuando estaba inmerso en tales o cuáles acciones? Había que reinterpretar o releer o recrear los textos evangélicos, porque nadie usó ninguna grabadora ni había allí ningún taquígrafo. Como se ve, una empresa bastante arriesgada.

Por todo ello, he podido comprobar que existen dos clases de lectores de *El Pobre de Nazaret:* los que, con una mentalidad lógica y un tanto fundamentalista o literalista, incapaces de captar y saborear la atmósfera de esta presentación recreada y evocadora de Jesús, acaban diciendo: definitivamente, no me gusta, no es el Jesús del Evangelio; y los lectores de alma abierta y sensible que vibran con el libro, lo saborean y gozan una y otra vez, y afirman que es lo más fascinante que han leído en su vida sobre Jesús.

* * *

Audios y videos.- En cierta oportunidad, hace de esto muchos años, los Padres Paulinos de Madrid me hablaron sobre la posibilidad de grabar una serie de casetes con los contenidos esenciales de mis libros. Aunque a primera vista parecía algo fácil de realizar, no lo fue tanto; por el contrario, se trataba de una tarea compleja, y aun complicada, por una serie de razones que no hace el caso detallar.

El hecho es que, buscando resquicios de tiempo libre mientras impartía una larga serie de Encuentros en España y Portugal, grabé la primera serie de seis casetes, con el título de *Vida con Dios*.

Fue un acierto notable. Desde todas partes fueron llegando noticias sumamente reconfortantes en el siguiente sentido: a muchas personas les resultaba más fácil y provechoso oír que leer; muchos van oyendo los casetes en el camino de ida y vuelta a sus casas, en sus viajes. Hay quienes se acuestan y amanecen oyendo los casetes, o realizan trabajos domésticos mientras los escuchan. Hay grupos cristianos que se reúnen para escuchar y meditar la doctrina de los casetes, y algunas comunidades religiosas hacen su retiro anual con una distribución ordenada de los mismos.

En fin, casi sin darnos cuenta, nos encontramos, con un valioso instrumento de evangelización. En vista de los resultados, fui grabando poco a poco, a lo largo de los años las siguientes colecciones de tres y seis casetes: *Vida con María* (3); *Vida de Fraternidad* (3); *Caminos de paz* (6); *Salmos para orar* (6); *Jesús de Nazaret. Meditaciones cristológicas* (6).

En estos precisos momentos están en etapa de producción una serie de videos, que se han realizado con gran profesionalismo, y que pronto estarán disponibles.

Talleres de Oración y Vida

Al parecer, los Talleres de Oración y Vida (TOV) constituyen la cumbre y coronamiento de toda mi actividad apostólica, por su fuerza expansiva, por sus frutos y por el alto aprecio hacia los mismos manifestado por la Santa Sede y los Obispos.

Orígenes.- Una vez más, el servicio TOV surgió como por generación espontánea, por *casualidad*. Todo comenzó en el año 1984, justamente a los diez años del inicio de los Encuentros. Por esta época estaba yo sumergido en toda la profundidad e intensidad de los Encuentros. En los meses de enero y febrero del citado año había impartido una serie de Encuentros en Punta de Tralca (Chile).

Aproximadamente un mes después, llegó a nuestra residencia del Centro Franciscano una señora que había participado en uno de esos Encuentros, hablándome de la riqueza excepcional y única que ella había descubierto en el Encuentro, y que era de lamentar que quedaran circunscritos a un reducido número de personas, por numerosos que fueran los participantes de cada Encuentro, cuando el numeroso y hambriento pueblo de Dios se consume de ansias divinas. Y sugirió: ¿por qué no elaborar, con un poco de audacia y creatividad, un programa orgánico que transmita esta riqueza viva a todo el pueblo de Dios?

Fue en ese mismo momento cuando un relámpago se me cruzó por la mente: ¿no será ésta una nueva puerta que el Padre me está abriendo? Finalizada la entrevista, la citada señora me pidió autorización para reunir a un grupo de amigas para escuchar la serie de casetes *Vida con Dios,* y reflexionar sobre el contenido de los mismos, intercalando algunas oraciones del libro *Encuentro.* Con gusto le concedí la autorización.

Fue un nuevo desafío. En verdad, me dije, no puedo permitir que las riquezas recibidas se consuman como las velas encendidas para iluminar el camino de la noche. Mi alma entró en trance como una inquietante primavera. Comencé a pensar qué sé podría hacer y cómo hacerlo. Entre tanto, el grupo de señoras había concluido la audición de los casetes en reuniones periódicas, con gran provecho y entusiasmo.

Algo me cruzó por la mente. ¿Qué era? ¿Un presentimiento, una premonición? ¡Algo especial y grande se avecinaba!, lo que suscitó en mí un estado

143

de ánimo singular, como de trance, como de preparto. Me dije: "lo que es para el pueblo tiene que nacer del pueblo".

Así, pues, del mismo pueblo de Dios que había participado en los Encuentros surgió un grupo bastante numeroso de laicos, dispuestos a hacer algo para que el Espíritu y contenido de los Encuentros se prolongara y derramara en el seno de la Iglesia.

Durante el segundo semestre del citado año, nos reunimos unas setenta personas, cada quince días, para probar, comprobar y ensayar diferentes esquemas, agregando o suprimiendo determinados elementos, de acuerdo con los efectos que íbamos observando. Fue un largo proceso de discernimiento, criba y maduración.

Sobre la base de tan amplia experiencia, al final del año se redactó un Manual breve y embrionario que recogía y reflejaba la elaboración experimental del semestre. Primero se experimentó, y después se codificó.

Una historia explosiva.- En los años 1985 y 1986, mientras yo recorría diferentes países impartiendo Encuentros de Experiencia de Dios, destinaba diariamente treinta minutos en la tarde para explicar paso a paso el proyecto de los Talleres.

En el último día preguntaba a la concurrencia cuántos de los presentes sentían el impulso y la generosidad para aplicar los primeros Talleres. Siempre se presentaban quince o veinte personas, a las que daba amplias instrucciones, les entregaba el pequeño Manual, designaba a alguien como enlace, y, en el nombre del Señor, les daba la autorización y la bendición para iniciar la experiencia de los Talleres. Esto mismo se repitió en ese año en ocho países.

Y así, sin mayor preparación, nos lanzamos al agua sin saber nadar, porque sólo nadando se aprende a nadar. Fueron los dos años heroicos de los TOV. Los primeros Guías (así llamamos a los que dirigen

144

los Talleres) fueron pioneros que abrieron caminos donde no los había. Se presentaban ante Obispos y párrocos para ofrecer un servicio eclesial completamente desconocido, por lo cual eran recibidos con precaución y con cierta desconfianza.

Surgieron dudas. ¿A quién recurrir para esclarecerlas? Yo andaba sin respiro de país en país. De vez en cuando enviaba a los Guías alguna circular o hablaba con ellos por teléfono.

* * *

Derrochando audacia y generosidad, y en un alarde de fe y confianza en Dios, los TOV tuvieron un comienzo sorprendente y explosivo.

En los dos primeros años se impartieron Talleres en 15 países. Esta impetuosa partida demostró la validez fundamental de los TOV como instrumento de evangelización, aunque, naturalmente, con deficiencias. Eran miles de personas las que recuperaban el sentido de la vida, la alegría de vivir, así como su vocación cristiana y apostólica. Descubrían la Biblia como fuente de riqueza espiritual, e innumerables hogares recuperaban la concordia y la paz.

El hecho es que, a finales de 1986, los TOV funcionaban vigorosamente en 17 países. A estas alturas, sin embargo, se fue viendo claramente que aquel manualito embrionario era insuficiente. Por otra parte, los TOV eran ya una gran fuerza incipiente, pero sin timonel, y se echaba de menos una cierta estructura organizativa para mantener en pie a este nuevo servicio eclesial.

Había sido un despliegue quizás excesivamente desbordante. Era conveniente y necesario detenerse para hacer una evaluación general, corregir errores, cubrir vacíos. Colocamos a las bases de todos los países en un proceso de reflexión y discernimiento por medio de extensos cuestionarios que les enviamos oportunamente, y solicitando nos enviaran sugerencias y observaciones.

Con este copioso material fui preparando un nuevo manual, mientras continuaba con los Encuentros, y en cuanto robaba horas al sueño. En abril de 1987, Semana Santa, se celebró el primer Congreso Internacional de TOV, en Guadalajara (México), para estudiar y aprobar el nuevo manual.

Fue un gran acontecimiento de reflexión, evaluación y proyección y, al mismo tiempo, de convivencia fraterna de una familia prematuramente numerosa, procedente de 17 países. Las novedades fundamentales del nuevo manual fueron las siguientes: sólida estructuración de gobierno; se inicia el trabajo de casa o práctica semanal; amplias introducciones a la Palabra; mayor precisión y concretización sobre la misión de los Guías de Talleres; introducción de los momentos de silenciamiento y liturgia del Envío.

* * *

Este nuevo manual dio abundantes frutos, tanto en extensión como en profundidad, durante varios años. Pero tampoco era un texto definitivo. En la medida en que los TOV fueron expandiéndose, se fue viendo que también este manual estaba incompleto. Tenía importantes vacíos: faltaba una Escuela de Formación de Guías; el gobierno no era suficientemente eficaz; no reinaba en todas partes la deseada uniformidad; en algunos países comenzaron a introducirse novedades con riesgo de distanciarse del espíritu original.

Con el fin de resolver todas las deficiencias, esclarecer dudas, establecer estilos y modos uniformes y lograr una fundación definitivamente orgánica y consolidada en cuanto a formación, espiritualidad y estructura..., en el año 1993 se organizaron y se llevaron a cabo en el mundo 32 Semanas de Consolidación, a las que asistieron cerca de 11 mil guías. Hasta el momento, la celebración de estas Semanas ha constituido el acontecimiento de máxima importancia en la historia de los TOV.

En estas Semanas, y a partir de ellas, se entregó al pueblo de los Talleres el librito de espiritualidad llamado *Estilo y vida de los Guías*, la Escuela de Formación, de un año de duración, y el Taller para Jóvenes, de doce sesiones.

Finalmente, con todo este proceso de maduración, redacté el manual definitivo, que fue aprobado en el segundo Congreso Internacional, celebrado en la semana de Pentecostés de 1984, en Bucaramanga (Colombia).

Podemos afirmar que, hoy por hoy, TOV es un servicio eclesial sólidamente estructurado y maduro. Hemos recibido 1.500 testimonios escritos –la mayoría altamente elogiosos– de cardenales, obispos y párrocos de los 40 países en los que TOV están establecidos, y que fueron presentados ante la Santa Sede en noviembre de 1996 para la aprobación canónica de los TOV.

Estructura y características.- El Taller consta de 15 sesiones, más una reunión de apertura. Cada sesión dura dos horas, y la sesión es semanal. El número ideal de asistentes a un Taller es de entre 15 y 25 personas.

Cada Taller es dirigido por un guía cuya misión consiste en poner en práctica el espíritu y contenido del manual. Ser guía presupone una vocación, esto es, un llamado que implica una afinidad entre un alma y una espiritualidad.

El guía debe poseer también una serie de condiciones de orden personal, condiciones que enumera debidamente el manual. Los candidatos a guías reciben una Escuela de Formación de un año de duración, al cabo de la cual se les entrega solemnemente

147

el Manual en una Eucaristía especial llamada *Misa de Envío.*

Al frente de los guías hay una estructura orgánica de Gobierno a nivel internacional, zonal, nacional y local, cuya función es autorizar, organizar y controlar la marcha de los talleres, velar por la fidelidad y expansión de los mismos.

TOV es un servicio disciplinado que se distingue por una rigurosa puntualidad y seriedad en la transmisión, evitando desahogos emocionales o festivos, y por una alta fidelidad a la metodología y contenidos del manual, evitando toda improvisación.

Raíces y frutos.- Ante todo, se trata de un *taller de oración*, porque, como en un taller se aprende trabajando y se trabaja aprendiendo, así en el Taller de Oración orando se aprende a orar. Tiene, pues, el Taller una connotación eminentemente práctica, pedagógica y experimental. Orar no consiste en una reflexión intelectual, sino en elevar la atención y la emoción a Dios y así entrar en una comunicación afectiva con un Tú. Es, pues, una actividad vital, y las cosas de la vida se aprenden viviéndolas.

Y todo esto, comenzando desde los primeros pasos, continuando con una gama variada de modalidades o maneras diferentes de relacionarse con el Señor, hasta las alturas de la contemplación. Se trata, pues, de aprender a orar de una manera ordenada, variada y progresiva.

* * *

En segundo lugar, es un *Taller de Vida.* La breve existencia de TOV ha puesto de manifiesto una realidad: los TOV poseen una notable eficacia transformadora.

El Taller toma al tallerista y, a la luz de la Palabra, lo introduce en un complejo entramado de reflexión, oración, mensaje liberador y revisión de la .vida. E, insensiblemente, el tallerista es impulsado a una transformación vital. Y no se trata de una conversión de un fin de semana, sino de un proceso lento y evolutivo de cuatro meses. Este factor testimonial confiere mayor credibilidad a TOV, y constituye la razón principal de su rápida difusión.

En las últimas Sesiones, mediante una contemplación centrada en Cristo, el tallerista va asumiendo los rasgos positivos de Jesús: paciencia, fortaleza, mansedumbre, compasión, amor... Y así oímos frecuentemente exclamar a los familiares: ¡Cómo han cambiado nuestros padres, nuestro hijo, nuestro hermano...!

En suma, entregamos a la sociedad personas sanas, fuertes y alegres, y a la Iglesia apóstoles convencidos. Hacemos Iglesia y hacemos patria.

* * *

Un servicio laical.- TOV es un servicio eminentemente laical: casi la totalidad de los guías son laicos. Todos, absolutamente todos los Equipos Coordinadores en sus diferentes niveles, son laicos.

A lo largo de mi vida, he observado que la presencia de un clérigo en un grupo de laicos los inhibe y cohibe. Siempre me ha asistido la convicción de que, en la medida en que entreguemos a los laicos autonomía completa y responsabilidad integral podremos disponer de un laicado responsable y maduro. Por consiguiente, yo, deliberada y conscientemente, en el servicio de TOV aposté por los laicos; y ya en el Congreso de Guadalajara (1987) me retiré definitivamente del gobierno de TOV, entregando solemne e integramente a los equipos de laicos la responsabilidad de conducir, gobernar y promover los TOV en todo el mundo.

Y, por cierto, no me han defraudado. Estoy en condiciones de afirmar con santo orgullo que una pléyade de millares de laicos, bien formados, adultos y maduros, trabajan en la primera fila de la Iglesia, en la vanguardia evangelizadora. Esta es también la razón de la sorprendente expansión de TOV: cuando los laicos, identificados con el espíritu de TOV, deben trasladarse a otros países en razón de su profesión, lo más probable es que acaben implantando también allí los Talleres, si no existen.

* * *

Servicio limitado.- Los Talleres no pretenden dejar establecidas comunidades de oración o cualquier otra clase de movimiento organizado de carácter laical. Tan sólo ofrecemos un servicio limitado y provisional: enseñar a orar. Una vez cumplido nuestro servicio, a través de las quince sesiones del Taller, damos por cumplido nuestro objetivo y nos retiramos. Las vocaciones apostólicas que de ahí surgen, las ponemos en manos de la Iglesia.

Pero también es un servicio abierto, en el sentido que se ofrece a todos aquellos que sinceramente buscan a Dios: simples cristianos, grupos apostólicos, agentes de pastoral, catequistas, los alejados de la Iglesia, los excluidos de los Sacramentos, cristianos no católicos de distintas denominaciones, judíos...

* * *

Instrumento de evangelizacion.- Un despliegue de variados mensajes evangélicos, grabados por mí, integran cada sesión del Taller: el amor eterno y gratuito del Padre, fe adulta, amor fraterno, opción por los pobres, compromiso apostólico, proclamación de Cristo Salvador... Para cada día de los cuatro meses que dura el Taller se entrega al tallerista un texto bíblico para que lo medite, y cuaderno en mano, lo analice en su mente y en su corazón, extractando de él criterios de vida y aplicándolos en su conducta.

. Por otra parte, el Taller va transformando paulatinamente al tallerista en amigo y discípulo del Señor, asumiendo en su vida la mentalidad y juicios de valor de Cristo Jesús.

Además, abrigamos un sueño. Nuestro secreto deseo es que en cada Taller surjan cristianos comprometidos dinámicamente con la Iglesia particular, su parroquia, y los TOV lleguen a ser viveros de vocaciones apostólicas para la revitalización de la Iglesia.

Aprobación

El Consejo Pontificio de Laicos nos hizo una serie de observaciones, de palabra y por escrito, y nos recomendó que nos asesoráramos con un especialista en Derecho Canónico para una nueva redacción de los Estatutos de TOV. Todo lo cual se llevó a cabo puntualmente.

Es voz común que los trámites de la Santa Sede avanzan a velocidad lenta. Ya se sabe que la Curia Romana nunca trabaja con apremio. Nosotros no esperábamos la aprobación canónica de los Talleres antes de dos o tres años tras haber entregado el material en noviembre de 1996.

Sin embargo, para gran sorpresa nuestra, el Decreto de aprobación se firmó el 4 de octubre de 1997, antes de cumplirse un año desde la fecha de solicitud. Sorprendente rapidez.

Por otra parte, el Decreto y su contenido superaron con creces nuestras expectativas, deseos y solicitudes. En primer lugar, no se nos entrega tan sólo la *aprobación* sino que se nos concede el *reconocimiento* que, en terminología canónica expresa una connotación especial.

En segundo lugar, la Santa Sede nos reconoce como una Asociación Internacional de fieles. Es costumbre de la Santa Sede conceder la aprobación, como un primer paso, a una determinada diócesis o un país. En el caso presente se nos ha entregado de entrada, sin más trámites previos, el título de Asociación Internacional.

En tercer lugar, y sin que nosotros lo hubiéramos solicitado, nos han concedido dos privilegios de alto contenido y significación que, en el contexto canónico, encierran efectos importantes: a) de derecho pontificio; b) con personalidad jurídica.

El Decreto, para su aprobación, se fundamenta, entre otros factores, en el hecho de "haber recibido muy numerosos testimonios de Obispos diocesanos y párrocos de diversos países y Continentes que señalan los buenos frutos de conversión, de santidad y apostolado suscitados por los Talleres".

Por otra parte, la recepción del Decreto se efectuó en una ceremonia solemne que de ninguna manera resultó protocolar y fría, sino excepcionalmente cálida y familiar, en que tanto el Presidente como el Secretario General del Consejo Pontificio enfatizaron una y otra vez sobre el número extraordinariamente alto de testimonios y recomendaciones de la Jerarquía de diversos países y Continentes; y acabaron por entregarnos fervientes palabras de congratulación, estímulo y aliento.

Personalmente, me sentí embargado por un gozo retenido, complejo y profundo, como un presentimiento de que Dios mismo acabara de sancionar y coronar la obra múltiple de los últimos 25 años.

Rumores

Aquí estoy entre la montaña y el mar, contemplando en el pasado las huellas condensadas, las hojas muertas y los sueños idos, mientras voy observando también y al mismo tiempo, de qué sorda manera las avispas y los moscardones se encargaron de soltar al viento rumores y alarmas.

Efectivamente, en el transcurso de estos 25 años, en cinco oportunidades corrió el rumor de mi falleci-miento. En dos de esas cinco oportunidades, el ru-mor alcanzó tal solidez que, como una firme noticia, se esparció por toda América sin que nadie fuera capaz de atajarla. Incluso en varios países se cele-braron funerales por el eterno descanso de mi alma.

Nadie supo de qué misteriosas entrañas emer-gió semejante fantasía, porque, por esa época, yo deambulaba de país en país evangelizando, sin que hubiera estado hospitalizado ni una sola vez. En vis-ta de que el rumor no dejaba de ser sino una eviden-te patraña, se añadió, a modo de pretexto, que había habido una confusión de nombres: que el que real-mente había fallecido era otro sacerdote que se lla-maba como yo. Pero resulta que el otro sacerdote, que efectivamente, tenía mi mismo nombre, estaba más vivo que yo.

Por otra parte, en dos oportunidades corrió por el viento la falacia de que yo estaba enfermo de cán-cer. Ultimamente comenzó a rumorearse en un país el hecho de que yo había ingresado o estaba por in-gresar en un monasterio trapense. Y hasta se llegó a escribir en un periódico, y con gruesos caracteres, que yo era pastor protestante.

* * *

Pero hubo un par de rumores que me hicieron daño. Surgió y se corrió la voz de que yo había abandonado el sacerdocio y me había casado. Por las informacio-nes que llegaron a mis oídos, esta calumnia se origi-nó en España, y fue difundida en algunos casos por religiosas y sacerdotes, porque, ante la magnitud del escándalo, algunos laicos decían: no puede ser; y

153

otros respondían: es verdad porque lo ha dicho un sacerdote, una religiosa. Y así se fue extendiendo el rumor.

Es difícil cuantificar el daño que esta impostura habrá causado en mi tarea evangelizadora. Sólo sé decir que, en algunas librerías, disminuyó la venta de mis obras. Sin embargo, los Encuentros continuaban funcionando al tope, y los Talleres no sufrieron merma alguna, porque los guías se encargaron de averiguar rápidamente que todo eran falsedades.

Sea como fuere, el rumor fue extendiéndose obstinadamente de un extremo a otro del Continente Americano, justamente en una época en que mis actividades encontraban amplia difusión por diferentes medios, y aparecían colaboraciones mías en una revista internacional. Parecería que, detrás de estos rumores, se movieran oscuros intereses para que la falsedad no se detuviera sino que continuara difundiéndose, ya que aun hoy día, a sabiendas de que el rumor es falso, no faltan quienes siguen propalándolo.

* * *

Otro rumor que perturbó mi actividad misionera, nadie sabe en qué medida, fue el rumor de que yo pertenecía al movimiento *New Age*. Esta nueva difamación brotó simultáneamente en varios países, en algunos casos dentro de ciertos sectores de la Renovación Carismática, por el hecho de que nosotros habíamos incluido en los Talleres algunos ejercicios de silenciamiento, cosa que, sin más, les sonaba a algo oriental.

Para evitar malos entendidos, me apresuro a aclarar que yo, no sólo no tengo ninguna prevención contra la Renovación Carismática, sino que la aprecio muchísimo, y la considero providencial, como lo explico en *Muéstrame tu rostro*.

154

Este rumor perjudicó no poco a la difusión de los TOV en algunas zonas, en ciertas épocas, ya que muchos se mostraban reticentes para inscribirse porque habían oído decir que los Talleres estaban inficionados del espíritu de *New Age*.

Este cúmulo de rumores, divertidos unos, alarmantes otros, fueron abatiéndome por acumulación, en diferentes momentos durante estos años. En contadas oportunidades, y fugazmente, me dejé llevar por reacciones agitadas, pero sin llegar propiamente a una situación de crisis. Muy pronto, sin embargo, emprendía el camino descendente que conduce al mundo del sosiego en busca de un tesoro: la serenidad. Y allí, cuántas veces al contemplar el misterio eterno de Jesús, llegué a experimentar la inefable alegría de asemejarme, siquiera un poco, al Pobre de Nazaret, que caminó entre nosotros envuelto en incomprensión y calumnia.

Por lo demás la experiencia de la vida demuestra fehacientemente que nunca el camino de los laureles y palmas conduce al corazón de Dios, y que, al contrario, las espinas y piedrecitas del camino, una vez esfumada la polvareda emocional, hacen mucho bien y nos depositan en las manos del Padre.

Desde el mástil más alto

Oteando el redondel de los horizontes desde la arboladura más alta de mi embarcación, llegan a mis oídos los lamentos de las naciones vencidas y los ecos de las tierras olvidadas. Mi nave está alumbrada por barcos que arden en el mar, mientras va surcando océanos ignotos; pero aun así, nuestra brújula ya está orientada hacia el faro del reposo.

Muchos me han sentenciado: vas a morir con las botas puestas. No me gustaría. Las grandes aves marinas vuelan largas distancias para alimentarse mar adentro, y al atardecer, retornan a su lomas habitua-

155

les para pernoctar. De la misma manera las garzas: al amanecer recorren largas distancias para alimentarse en las lagunas de aguas fangosas, y al anochecer, formando pequeñas y blancas bandadas, regresan a los mismos altos alerces para pasar allí la noche.

Yo también, antes de retornar al seno del Padre, sueño con detener mis fatigados pasos, acallar los barullos, acogerme en los brazos del silencio y descansar a la sombra del Altísimo. ¿Será posible? Ya caminé durante largos lustros por la flameante senda que se abre por encima de mis sueños.

Siempre navegué a contra corriente, y aun contrariando mis gustos. Nunca tracé de antemano sendas en la montaña para luego recorrerlas. Nunca me senté tranquilamente frente a una ancha mesa para trazar un mapa de operaciones, un organigrama minucioso, unos planos de largo alcance, con objetivos precisos. Si alguna vez concebí planes y cobijé sueños, Alguien se encargó de desbaratarlos y hacerlos trizas sobre la misma marcha.

Ahora que está atardeciendo, ¡cómo me gustaría cobijarme bajo la arboleda del sosiego para reconfortarme con el vino añejo de la amistad divina que siempre soñé, aquel vino sin etiquetas que sólo El y yo conocemos! ¿Será posible?

Mi nombre resonó en muchos rincones como un eco incombustible, tomando a veces aires de leyenda. Ahora que estoy entrando en el ocaso, no hay Editorial que no me solicite editar alguno de mis libros. Diariamente llueven sobre mí, como flechas ardientes, urgentes demandas, nuevos compromisos. ¿Qué quiere Dios de mí? Yo también soy un pobre, no tengo derechos, no puedo quejarme, nada puedo reclamar. ¿Dónde está su voluntad? Un día continué en el frente abierto porque me parecía que la demanda multitudinaria era signo de su voluntad. ¿Tendré que morir, efectivamente, con las botas puestas? A veces siento ganas de gritar: líbrame de esta hora.

Nunca coloqué mis manos sobre el timón de mi nave. La dejé a la deriva, a merced de las olas, a sabiendas de que el dueño del mar controlaría la fuerza y la dirección de los vientos. La casualidad, que es el nuevo nombre del Desconcertante, me salió una y otra vez inesperadamente en los cruces de los caminos contra todo pronóstico. *Por casualidad* se inició mi etapa de escritor; *por casualidad* surgieron los Encuentros de Experiencia de Dios; *por casualidad* nacieron los Talleres, y tantas otras cosas.

¿Quién puede asir el relámpago, como si fuera una espada? ¿Quién puede aferrar y asegurar con sus manos la voluntad de Dios, diciendo: aquí está, esto es, no la soltaré? Sólo desde la cumbre alta del sol poniente, y mirando por sobre el camino recorrido podemos vislumbrar, y borrosamente, la estrategia zigzagueante, la santa e imprevisible voluntad del poderoso y cariñoso Padre. Mientras tanto, no nos corresponde sino bajar la cabeza y decir: voy a soltar los remos, y, cuando quieras, a donde quieras, ¡llévame!

* * *

Está anocheciendo. Fue un día luminoso y cálido. En el transcurso de sus horas, con frecuencia, al detener los pasos, me invadía una extraña sensación: alguien ha tomado mi lugar, me decía, alguien me ha suplantado. Me sentía como un títere movido por los hilos invisibles de alguien que toma la iniciativa, que habla en mi lugar, que camina y actúa en mi lugar.

Al fin de esta larga jornada tengo una evidencia empírica: alguien me ha agarrado por los cabellos como a Ezequiel, me ha levantado por los aires, dejándome ahora en Babilonia, después en Nínive, más tarde en Tebas para proclamar la perentoriedad del Altísimo, su inevitabilidad, su lejanía tanto como su proximidad, su inmanencia y transcendencia, su fascinación y su ternura. Yo no he sido un sujeto activo, yo no he hecho nada.

Como lo he repetido tantas veces en estas páginas, alguien abría las puertas delante de mí, y yo entraba. Ha sucedido una y otra vez. Esta evidencia era tan granítica que, por esta razón, las dificultades no me abatieron, los elogios no me conmovieron, los que ponían trampas y cavaban fosas en el camino no consiguieron enredarme, los éxitos no me embriagaron. No experimentaba satisfacción sensible en lo que realizaba, pero sí una tranquila seguridad de quien se sabe conducido de la mano de Su Voluntad, y hace lo que debe hacer. Y el resultado es una gran paz.

* * *

En suma, todo ha sido obra de Dios. ¿Y yo? Recuerdo aquella escena de las *Florecillas de san Francisco* en que fray Maseo le pregunta a Francisco: "¿por qué todo el mundo acude a ti, si no tienes ni preparación, ni belleza, ni elocuencia...?" Remedando la respuesta del Hermano, yo también podría decir: aquel Altísimo Señor me escogió a mí para hacer algún bien, justamente a mí, inútil e insignificante, para que quedara evidente y estridente ante la vista de todos que no salvan los carismas personales ni la preparación intelectual; el único que salva, transfigura y levanta prodigios desde la nada es el Altísimo Señor Nuestro Padre. ¡A Él sea la gloria!

Para terminar, necesito expresar aquí una palabra emocionada y fraterna de agradecimiento a los sucesivos ministros provinciales de la Provincia Capuchina de Chile, los cuales, uno tras otro, no sólo han depositado en mí su total confianza durante estos 25 años, y han dejado en mis manos la más amplia libertad para organizarme y moverme por el mundo, sino que me han estimulado constantemente de palabra y por carta. Dios mismo sea su recompensa.

Indice